PERSIGUIENDO

LO QUE IMPORTA

Termina Sin Lamentarte

Richard W. Smith

Walden Hill Press

Primera edición: octubre 2013

LCCN: 2013918344
ISBN: 978-0-9894854-1-8

Publicado por Walden Hill Press
Spartanburg, SC
Impreso en los Estados Unidos de América.

Para mi esposa y mejor amiga Lisa,
cuyo apoyo y sacrificio
me permite perseguir lo que importa.

Reconocimientos

Gracias a una iglesia paciente que a menudo me oyó decir: “El libro está casi terminado. “Su hambre de aprender y crecer me empuja a aprender y crecer. Gracias a los amigos generosos que me proporcionaron lugares especiales para escribir durante mis semanas en retiro. A través de su hospitalidad, Dios calmó mi espíritu y trajo la claridad a pensamientos desordenados. Gracias a los generosos donantes cuyas ofrendas convirtieron un trabajo en progreso en un proyecto terminado. Su creencia en este libro amplió mi propia fe también. Gracias a un equipo de correctores diligentes. Los errores que se me escaparon a mí no tenían ninguna posibilidad de esconderse de ustedes. Gracias a John Piper cuyos escritos me han llevado a pensar mejor a lo largo de los años. Tus huellas están por todo este libro. Gracias sobre todo a la gracia de Dios a través de Jesucristo. Su búsqueda de mí es la razón por la que soy inspirado a perseguir lo que importa.

Contenido

Introducción

EN ENERO DE 2008, EL banco Chase lanzó una serie de anuncios de alta energía para promover su nuevo tema – *Persiguiendo lo que importa*. Uno de los anuncios muestra a un hombre babeando por un televisor gigante en una tienda de electrónicos. Usando su celular, él envía un mensaje de texto averiguando su crédito disponible. Como música de fondo está la canción más popular de la banda Queen de 1989, "Lo quiero todo." Cuando el hombre regresa a casa para celebrar la compra con su esposa, el comercial concluye con una voz suave instando al espectador a "Perseguir lo que importa".

Eso sí que es una perspectiva interesante. Yo he comprado unos cuantos televisores a través de los años, pero nunca he considerado mi experiencia de compra como una persecución particularmente importante.

Estaba tan intrigado por este comercial que puse en marcha una serie de cuatro semanas en nuestra iglesia en la que hice una pregunta: "¿Estás persiguiendo lo que importa?" Fue un momento de encrucijada para muchos, ya que evaluaron la pasión y el impacto de su vida. Un director ejecutivo (CEO) comenzó a terminar todas las cartas de su oficina con la frase "Persigue lo que importa." Eventualmente, él diseñó un regalo para nuestro hogar que continúa mejorando el enfoque de nuestra familia. Sentado en un estante en nuestra sala de estar está un trozo de pizarra de casi un metro grabado con cuatro palabras – Persigue lo que importa. Cinco años después de que le pedí a unos cientos de personas que evaluaran la trayectoria de su vida, es mi esperanza poner esa misma pregunta a un público más amplio a través de este libro. Así que déjame preguntarte:

¿Qué estás persiguiendo en la vida?

Y si lo consigues, ¿realmente importa?

1

La Pasión Importa

DESDE EL 2007, APPLE HA vendido 86 millones de iPhones, reuniendo ingresos de más de 50 billones. Los seguidores de la compañía acamparon durante casi una semana frente a la tienda de la quinta avenida en New York a la expectativa del lanzamiento del iPhone 5s en septiembre de 2012. De acuerdo con un cliente, soportar el mal tiempo fue el obstáculo más desafiante: "cuando hace frío, en cierto modo quieres dormir. Eso ha sido difícil. Particularmente anoche porque hubo una lluvia realmente torrencial". Mi observación favorita vino de un estudiante de segundo año de la universidad George Washington, quien había esperado 18 horas para estar en primera fila de la tienda de Apple Georgetown en Washington, D.C.:

> Pienso que todos tienen algo que aman, y para mí y todos los demás en esta fila, es la tecnología... tener en mis manos este celular – es tan liviano, tan bien hecho. Se siente tan bien cuando lo sostengo... ser el primer hombre en la tienda es bastante emocionante. Tienes

> a todos mirándote, animándote. Tú sientes como que eres parte de algo que es realmente especial.[1]

No hay duda de que ese tipo es impulsado en gran medida por la pasión. Pero me pregunto si es impulsado por una gran pasión. Es tan fácil perder el enfoque ¿no es así? Esta es la gran tensión en la vida. Dios dice, "Mira mi belleza en un amanecer en el océano, la sonrisa de un bebé, el dibujo de un niño de jardín de infantes, el olor de la hierba recién cortada, un solo de violín, o una pelota de beisbol bien bateada. Ve mi belleza cuando los aldeanos de Nigeria cantan a orillas del rio en un bautismo, como un matrimonio roto es restaurado a través del arrepentimiento y la gracia, y como un paralitico corre por las calles de los cielos." Todo a nuestro alrededor son infinitas expresiones de la belleza de Dios, sin embargo, nuestra respuesta silenciosa es, "sí, eso es genial, pero mira mi nuevo y brillante Artilugio."

Como habitantes del siglo 21, estamos rodeados de muchas cosas buenas por las cuales deberíamos estar extremadamente agradecidos. Sin embargo, cuando las cosas buenas se convierten en lo más importante, nos convertimos en idólatras con poca pasión por Dios. En el momento en que perdemos el enfoque y la pasión, comenzamos a vivir una misión de apariencia, no la verdadera misión de Dios para nosotros.[2] Una misión de apariencia es la misión sustituta que seguimos cada vez que no buscamos a Dios. Se hace fuerte cuando dejamos de meditar en Dios, cuando dejamos de formar estrategias espirituales para conocerlo y servirle, y cuando dejamos de escuchar las cargas que están en su corazón. Cuando permitimos que las inclinaciones naturales de nuestra carne dirijan el curso de nuestra vida, el resultado será misión aparente que nos lleva a conformarnos con cualquier cosa mientras que "vagamos por un camino sin rumbo a ningún sitio."[3]

Cuando pienso en una vida apasionada, el primer lugar corresponde a un hombre llamado Pablo, quien escribió 13 libros del Nuevo Testamento y difundió el cristianismo en dos continentes. El siguiente versículo refleja el claro enfoque de este apasionado siervo:

> Sin embargo, considero que mi vida carece de valor para mí mismo, con tal de que termine mi carrera y lleve a cabo el servicio que me ha encomendado el Señor Jesús, que es el de dar testimonio del evangelio de la gracia de Dios. (Hechos 20:24)

He Aquí un hombre que no se despierta aburrido cada mañana. Después de haber cambiado su ambición egoísta por una ambición santa, él deseaba que toda su vida fuera una respuesta al llamado de Dios. Eso es lo que Pablo quiere decir cuando afirma que considera su vida "como nada". Esa no es la teología gusano en la que declara ser un perdedor que es incapaz de lograr algo en el mundo. Es todo lo contrario. Pablo era un artesano experto y un líder erudito. Él fue bastante exitoso, pero había olvidado de dónde viene el éxito. Había logrado mucho, pero con respecto a la paz interior y la influencia duradera, el marcador seguía en cero. Sin embargo, después de un encuentro transformador con

Jesucristo, quería pasar el resto de su vida declarando y mostrando la gracia de Dios.

Si tú no conoces al apóstol Pablo, quisiera destacar una porción de su biografía que se encuentra en Hechos 9. Como un maestro de la ley religiosa, Pablo estaba en un viaje de negocios a Damasco. En ese momento de su vida, su negocio era perseguir a los cristianos. La pasión de Pablo era convertirse en el mandamás de una clase elitista dentro del judaísmo conocida como los Fariseos. Pero esto no sucedería si el pueblo judío continuaba siguiendo a Cristo. Una iglesia floreciente estaba impidiendo su ascenso a la cima del judaísmo colectivo. Por lo tanto, en nombre de la religión sería violento con otras personas religiosas. Exteriormente Pablo parecía un seguidor totalmente devoto de Dios. Pero internamente fue guiado por su propia agenda de auto-exaltación. Al igual que muchas personas religiosas hoy, él amaba la idea de Dios pero no a la persona de Dios.

Cuando se aproximaba a las afueras de la ciudad, una luz cegadora brilló desde el cielo y la voz de Jesús habló. Pero en ese momento de ceguera pudo ver por primera vez en su vida. Por seguir su agenda, se había alejado de la fuente de toda belleza, el poder, la sabiduría y el amor. Cuando Pablo estaba allí en el suelo - abrumado por Cristo y decepcionado por él mismo -el Señor le dio esta comisión;

> "Ahora, ponte en pie y escúchame. Me he aparecido a ti con el fin de designarte siervo y testigo de lo que has visto de mí y de lo que te voy a revelar". (Hechos 26:16)

La intervención de la gracia de Dios cambió la trayectoria de su vida. Lo que no había encontrado en el conocimiento, desempeño, y fama, lo encontró en la bondad de Dios. Jesús pudo haber matado a Pablo ese día. Sin embargo, lo nombró como la más poderosa influencia humana que la iglesia jamás haya conocido.

Eso es lo que hace la gracia; "Nos saca del más profundo infierno al más alto cielo."[4]

John Newton nació el 24 de julio 1725 en Londres, Inglaterra. Tras perder a su madre a los siete años, Newton fue influenciado pronto por hombres corruptos que navegaban con su padre, el capitán del barco. El joven Newton no solo se convirtió en un marinero sino que eventualmente dirigiría una embarcación cuyo propósito era secuestrar a los africanos y venderlos como esclavos en Inglaterra. Sin embargo, en realidad el propio Newton era el esclavo- un esclavo al pecado y egoísmo. Especializado en embriaguez, mujeriego y vulgar, él escribiría más tarde,

"Quería estar entre los más destacados en maldad de la raza humana. No conforme con sus groserías y maldiciones cotidianas, inventaba nuevas cada día."

Aburrido de su propia inmoralidad, también atrajo a otros a seguir el mismo camino:

> … "Si mi influencia hubiera sido igual a mis deseos, me hubiera llevado a toda la raza humana conmigo."[5]

Pero un día después de que su barco se salvó inexplicablemente de una tormenta violenta, comenzó a pensar en Dios,que obviamente había estado trabajando en lo ocurrido. Eventualmente, él abriría su vida a Jesucristo y escribiría sobre la transformación resultante;

> "Yo, que era un esclavo voluntario de todos los males, poseído por una legión de espíritus inmundos, he sido perdonado, salvado, y cambiado para presentarme por siempre como un monumento del poder del Omnipotente. Yo soy uno de los más asombrosos ejemplos de la misericordia y la paciencia de Dios sobre la faz de la tierra."[6]

El encuentro de Newton con la gracia fue tan profundo que él pasaría el resto de su vida predicando de la esperanza en Cristo. En preparación de las reuniones de oración de su iglesia, comenzó a escribir himnos para ser cantados por quienes se reunían cada semana. Esa colección se llama los Himnos de Olney y contiene las letras más conocidas en el mundo, "Oh Gracia Admirable, dulce es, que a mí, pecador, salvó!"

Como un comerciante de esclavos, maldiciente bebedor, y mujeriego, John Newton debería haber sido aplastado por la ira divina. Pero en cambio, Dios tomó un marinero profano y lo transformó en un pastor profundo. Es la alegría desbordante de la asombrosa gracia que enciende la obediencia y servicio.

> En verdad, Dios ha manifestado a toda la humanidad
> su gracia, la cual trae salvación 12 y nos enseña a
> rechazar la impiedad y las pasiones mundanas. Así

> podremos vivir en este mundo con justicia, piedad y dominio propio, 13 mientras aguardamos la bendita esperanza, es decir, la gloriosa venida de nuestro gran Dios y Salvador Jesucristo. 14 Él se entregó por nosotros para rescatarnos de toda maldad y purificar para sí un pueblo elegido, dedicado a hacer el bien. (Tito 2:11-14)

Cuando mezclas el fracaso y el perdón en el mismo corazón, el resultado es un calor espiritual llamado gozo. El combustible más potente para la devoción espiritual es la celebración de tener una segunda oportunidad enviada del cielo.

Desde la mañana hasta la noche, Dios explora la tierra y busca pródigas cansadas. No importa lo que hayamos hecho lejos del país, el Espíritu Santo viajará a cualquier lugar para alcanzar a cualquiera. Cuando el comentador deportivo de CBS, Pat Summeral, murió en abril de 2013, su esposa dijo: "Pat quería que todos supieran que nunca es demasiado tarde". A pesar de una carrera de locutor legendaria que incluyó 28 transmisiones de Super Bowls y 27 de Masters (las competencias principales de futbol americano y de golf en los EEUU), Summeral, fuera de cámaras, estaba envuelto en una lucha por el abuso de alcohol por años.[7] Pero Dios no lo dejó a un lado. Por el contrario, Él transformó su corazón por medio de Cristo y renovó su hígado a través de una niña donante de 13 años de edad. Así es que humillado por la paciencia de Dios y el don de la vida a través de la muerte de una adolescente, Pat escribió dos palabras en una gran puerta de piedra en su casa de Texas: "Gracia Asombrosa"[8]

Cada vida quebrantada que clama desde su pozo de la desesperación, verá las cicatrices de los clavos en las manos de Jesús extendiéndose para sacarlos de ese lugar. El apóstol Pablo sabía que si Jesús podía salvarlo, podría salvar a cualquiera. Es por eso, que pasaría el resto de su vida declarando y mostrando la gracia de Dios.

Con la revolución industrial nació una clase de habitantes empobrecidos en los suburbios de Inglaterra, su mala situación era especialmente observada por un predicador metodista llamado William Booth. Él actuó mediante la formación de un ejército de trabajadores que llevaban la esperanza de Cristo a las zonas más oscuras de la ciudad. El Ejército de Salvación de Booth serviría a los pobres con tanto celo militar que finalmente llegaría a ser conocido como el General. Al igual que el apóstol Pablo, Booth estaba decidido a entregar todas las cosas a toda la gente que pudiera, y por todos los medios posibles salvar a algunos (1 Corintios 9:22) En una ocasión cuando fue criticado por combinar la música popular y las canciones cristianas en sus reuniones evangelísticas, Booth respondió: "Si parado sobre mi cabeza, y golpeando una pandereta con los dedos de mis pies ganara un alma para Jesús, lo haré."[9]

Imagine el impacto si todos estuviéramos aferrados a una ambición santa. Una ambición que no te deja con lamentación al final de tu vida. Si no más bien, una ambición que te hace decir con su último aliento, "estoy tan agradecido de haber dado mi vida a eso.[10]

William Borden completó la secundaria en 1904. Como miembro de una familia rica, dueña de los lácteos Borden, el regalo de su graduación fue un crucero por el mundo. Sus viajes por el Lejano Oriente le permitieron conocer a millones de personas que nunca habían oído hablar de Jesucristo. Agobiado por su salvación, William regresó por la riqueza de su familia con el fin de prepararse para ministrar a los millones de musulmanes en China. Después de graduarse de la universidad y el seminario, se subió a un barco a Asia Oriental. Durante el viaje contrajo meningitis cerebral mientras estaba en Egipto y murió dentro de un mes. Después de su muerte, alguien estaba ojeando su biblia y encontró estas palabras escritas en la contraportada, "Sin reservas; retroceder nunca; sin lamentos."[11]

Una vez vi un anuncio para Motores de petróleo Havoline en el cual un grupo de mecánicos estaban mirando bajo el capó de un auto de carreras. El texto decía: "Tú naces. Tú mueres. Y mientras tanto se trabaja en los autos de carrera." Aunque esa declaración no describió exactamente mi vida, comencé a pensar en lo que quería que sucediera entre esos dos eventos. Yo no podía hacer nada acerca de mi nacimiento y poco sobre mi muerte. Pero puedo hacer todo sobre la carrera entre esas dos fechas.

Tú naces. Tú mueres. Y mientras tanto tú __________?

Las decisiones que tomamos determinan lo que pasa en ese ínterin. El epitafio en mi lápida es la suma total de todas aquellas cosas que pensé que eran importantes-todas esas cosas que pensé que valían la pena seguir.

En un momento u otro, muchos de nosotros hemos leído el clásico de la historia "Muerte de un Vendedor". Es la historia de un vendedor llamado Willy Loman que se quema a sí mismo por hacer más de lo que su mente y su cuerpo podían soportar. Al final de la historia, su hijo Biff se para junto a la tumba de su padre y hace esta afirmación inquietante: "Él tenía los sueños equivocados."

No sé lo que Dios ha planeado para ti en la siguiente curva del río. Pero lo que sí sé es que cuando el viaje se termine, Él no quiere que experimentes el lamentar que perseguiste lo que no importa. Él quiere atraerte hacía él mismo y llenarte con una santa ambición.

En la primavera de 2013, Amy Grant lanzó su primer álbum con toda la nueva música de más de una década. El álbum, titulado "Como se vé Misericordia desde aqui," fue inspirado por un comentario de una fuente inusual. Durante una visita con su madre sólo unos meses antes que ella muriera, Amy concluyó ese tiempo con una referencia para su próximo concierto.

Debido a una falla en la memoria, su mamá no tenía ningún recuerdo de que su hija había pasado toda su vida en las actuaciones alrededor del mundo. Cuando ella "supo" de las habilidades musicales de su hija, le pidió ansiosamente que cantara algo antes que ella se marchara. Amy respondió cantando un viejo himno que sería como la bienvenida a un amigo íntimo. Cuando terminó la canción y se preparó para salir a su concierto, la madre de Amy la sorprendió con un consejo: "Cuando salgas al escenario, canta algo que importe".[12]

Ese es el mensaje de este libro. Dios creó un enorme universo y personalmente te escogió para ser parte de su mundo. Desde tu temperamento a tus talentos, eres único en su especie nadie va a tocar el corazón de Dios tanto como tú lo haces. Nadie impactará este mundo tanto como tú lo harás. Tu tiempo en este planeta es la única oportunidad que tienes para cumplir con la visión de Dios para tu vida. Así que cuando camines sobre el escenario de tu historia, asegúrate que tú...

Cantes algo que importe,
digas algo que importe,
hagas algo que importe.

2

La Satisfacción Importa

EL 5 DE JUNIO DE 1965, los Rolling Stones actuaron frente a una multitud de tres mil personas en Clearwater, Florida. Más tarde esa noche en la habitación de su hotel, un soñoliento Keith Richards creó una melodía de guitarra pegajosa junto a una letra compuesta por la doble negación más famosa del idioma inglés, "No puedo obtener ninguna satistacción". Debido a que tenía demasiado sueño para seguir trabajando en la canción, Richards grabó su trabajo en un cassette junto a cuarenta y cinco minutos de ronquidos.

La letra resonó inmediatamente al cantante Mick Jagger que vio esto como una manera de captar la búsqueda frenética del materialismo y sexo que había visto en América. Jagger terminó de escribir la canción mientras estaba sentado en la piscina, y la banda lanzó la versión final tres semanas después. La influencia de "Satisfacción" es definitivamente innegable. Le dio a los Stones fama como la de los Beatles, y se introdujo un sentimiento más fuerte por la música rock que llegó para quedarse. Se podría decir que es la canción de rock and roll más famosa de todos los tiempos.[13]

Seguramente ninguna frase representa mejor el grito de la cultura contemporánea que: "No puedo obtener ninguna satisfacción." Pero lo intento, pero lo intento, pero lo intento". "Todos en este mundo están buscando lo mismo- estar profundamente satisfechos, tener sus almas súper extasiadas. Tú puedes decir que las personas están en busca de propósito, significado o contentamiento, pero básicamente lo que ellos realmente quieren es encontrar algo que los entusiasme. Nuestro corazón es una fábrica de deseos que continuamente busca nuevos placeres gratificantes. Busca extasiarse a través de logros, posesiones, relaciones, drogas, sexo, etc.

La gente persigue estas cosas porque quiere encontrar algo que los entusiasme. Pero la gran emoción continuamente se les escapa porque la buscan en lugares pequeños. Somos como niños en una fiesta corriendo detrás de las burbujas de jabón, sólo para verlas estallar cuando son atrapadas. No importa la cantidad de cosas que obtenemos, éstas nunca entregan la satisfacción que prometieron.

A los 19 años, Kylie Bisutti venció a 10.000 concursantes para ganar un título codiciado por las adolescentes de todo el mundo – Ser parte de los Ángeles de Victoria Secret en la pasarela. Sin embargo, dos años más tarde, ella se alejó de la industria de la moda cuando descubrió que los ejecutivos, dietistas, bronceadores y los retocadores de fotos eran dueños de su cuerpo. Plenamente consciente de que su sueño ya no era el sueño de Dios, se apartó del glamur y la riqueza para experimentar una cosa, una que un mundo brillante no pudo entregarle - satisfacción. [14] Al igual que Moisés, Ella rechazó placeres efímeros por la felicidad eterna de caminar con Cristo (Hebreos 11:24-26).

Los ejecutivos de mercadeo saben que una de las principales claves para el éxito del producto es su embalaje. A los psicólogos se les consulta regularmente para explicar los efectos que ciertos colores, gráficos y formas tienen en la mente del consumidor. Pero nadie en la avenida Madison o en Hollywood puede competir con la estrategia de mercadeo del tentador. Experto en publicidad falsa, él convence a diario a los compradores que la satisfacción eterna puede encontrarse lejos de Dios.

En camino a convertirse en el primer atleta multibillonario, Tiger Woods parecía tenerlo todo: 14 trofeos en torneos mayores, 71 victorias en el Tour de la PGA, admiradores, y una hermosa familia. Sin embargo, un corazón inquieto le hizo buscar el placer fuera del área moral que Dios había diseñado para él. No digo eso para avergonzarlo sino para aprender de él. Todos somos tentados a decir que si tuviéramos lo que él tenía, seguramente estaríamos satisfechos - Nuestra cuota de placer se cumpliría. Pero no es cierto, nada en esta tierra será suficiente para la fábrica de deseos. Esta es la base de la famosa oración de San Agustín: "Tú nos has hecho A nosotros según tu voluntad, oh Señor, y nuestros corazones están agobiados hasta que encuentren su descanso en ti".

La Biblia dice que Dios ha puesto eternidad en el corazón del hombre (Eclesiastés 3:11). Un corazón humano creado por una persona eterna tendrá deseos eternos. Dios nos ha diseñado con tantos anhelos tan grandes que ninguna posesión o experiencia es lo suficientemente grande para satisfacer esa necesidad.

Aunque David de humilde pastor llegó a ser un poderoso gobernante, aún buscaba a Dios para saciar su sed: "Tú eres mi Señor... Tú me llenarás... de dicha eterna a tu diestra "(Salmo 16:02, 11). David fue el rey más grande de Israel, sin embargo, nada en ese reino terrenal le satisfizo - y es que ese reino no era para satisfacerlo. CS Lewis señala: "Si encuentro en mí un deseo que no puede experimentar satisfacción en este mundo, la explicación más probable es que fui hecho para otro mundo". [15] David poseía muchos bienes terrenales, pero Dios era su magna obsesión;

> Una sola cosa le pido al Señor, y es lo único que persigo: habitar en la casa del todos los días de mi vida, para contemplar la hermosura del y recrearme en su templo. (Salmos 27:4)

Para aquellos que no ven la suficiente valentía en esa declaración, es importante recordar que David era un hombre de hombres. Un rey. Un guerrero. Un asesino de gigantes. A pesar de las conquistas militares, David no estaba satisfecho con su condición de héroe - sino más bien por la belleza de Dios. David marchó a la batalla sólo cuando hombres violentos decidieron declarar la guerra en contra de esa belleza. Pero si la elección dependiera de él, hubiera preferido tocar su arpa bajo un manto de estrellas.

David me recuerda al pastor luterano alemán Dietrich Bonhoeffer - un dotado pianista que amaba los museos, óperas, y discusiones teológicas. Pero cuando el régimen nazi comenzó a masacrar a judíos inocentes durante la Segunda Guerra Mundial, se unió a una conspiración para asesinar a Adolfo Hitler - y fue ahorcado por ello. Pero seamos claros. Bonhoeffer no fue animado por causas políticas, sino más bien por la belleza de Jesucristo, quien nos enseña a poner nuestra vida por los demás.

La búsqueda de la belleza

De todas las cosas que podía haber pedido - y muchas de ellas las podría haber adquirido - David pidió ver la belleza de Dios, el último deseo del corazón humano. Es por eso que nosotros:

> Paseamos en bote por el lago y jugamos golf en un resort.
>
> Paseamos en kayak por el río y andamos en motocicletas atravesando el país.
>
> Plantamos flores en la primavera y ponemos árboles de navidad en Diciembre.
>
> Decoramos tortas de cumpleaños y envolvemos regalos en papel brillante.

Desde marzo del 2007, en el Gran Cañón, un millón de personas se han subido en una de las grandes maravillas arquitectónicas de los EEUU. El Corredor Aéreo del Gran Cañón combina 1.5 millones de libras de vidrio y acero para formar un puente transparente en forma de herradura que se extiende casi 23 metros sobre el borde oeste del cañón. Mirando hacia abajo a través de este vidrio, los visitantes están a unos 1200 metros sobre el suelo del cañón y el serpenteante río Colorado. La ubicación de este mirador ofrece a los turistas una vista magnifica del cañón que son imposibles de conseguir en otras partes del parque. Un escritor de viajes señaló,

> "El efecto de este puente de cristal te dejará sin aliento. Mirando hacia el horizonte o hacia la parte inferior, sentirás como si estuvieras flotando en las profundidades eternas del Cañón... El mirador del Gran Cañón es el viaje más emocionante de la naturaleza." [16]

¿Por qué la gente vuela a Las Vegas y conduce 2,5 horas para estar de pie en ese puente? Porque tienen deseo de ser emocionados por la belleza. La satisfacción llega cuando nos alejamos de nosotros mismos y nos centramos en la belleza gloriosa. Dios nos ha diseñado para emocionarnos al ver Su magnificencia, no la nuestra. Allí está la ironía de un viaje al Gran Cañón. Aquellos que lo miran se sienten pequeños - pero no insignificantes. Esta es la base de todo significado - que somos bienvenidos a la presencia de Aquél que es infinitamente importante. Nada es más hermoso. Nada es más satisfactorio.

El Efecto de la Belleza

David buscaba la belleza porque estaba deseoso de experimentar el placer que trae la belleza. Recuerda en qué momento David escribió estas palabras. Comienza el salmo diciéndonos que él está en graves problemas:

> Aun cuando un ejército me asedie, no temerá mi corazón; aun cuando una guerra estalle contra mí, yo mantendré la confianza. Una sola cosa le pido al Señor... para contemplar la hermosura del y recrearme en su templo. (Salmos 27:3-4)

David no está sencillamente teniendo un mal día en la oficina. Un ejército de gente mala está conspirando contra él. Así que en medio de esta gran adversidad buscaba placer, y ese placer provendría de contemplar la belleza - la belleza de Dios. La Belleza no es algo que tú solo ves, oyes, saboreas o tocas. Es algo que se experimenta con toda tu mente, cuerpo, y alma. Tú no ves una simple puesta de sol con los ojos o sientes una brisa en tu piel, o escuchas una canción con los oídos. La belleza de aquellas cosas trae placer a lo más íntimo de tu ser, y ese placer es tan satisfactorio, tan refrescante, y tan renovador que alienta a tu corazón para enfrentar cualquier problema que venga en tu contra.

La Conciencia de la Belleza

Este deseo por la belleza es lo que nos diferencia de todos los animales. Es una parte muy importante de lo que la Biblia menciona cuando dice de que fuimos hechos a imagen de Dios (Génesis 1:27). Una de las principales cosas que separa al hombre del resto de la creación es su apreciación de la belleza. Si tú viajas a las cuevas donde vivían los primeros seres humanos, encontrarás paredes, macetas, e incluso armas decoradas con dibujos. Esto no es así con el mundo animal. Por instinto construyen casas que son funcionales – no hermosas. Las mamás de los Pájaros no piensan en pintar el nido antes del nacimiento de los huevos. Los papás Castores no construyen una caja de flores en la parte superior de la represa. Los leones no piensan en comprar muebles nuevos para la guarida. Pero el hombre piensa tanto en forma como en función, porque el Creador ha puesto en su corazón amar la belleza.

Es por eso que los cristianos se afligen por la condición inmoral del mundo. Porque ellos saben qué es la belleza, también saben lo que no es la belleza. La imagen restaurada de Dios dentro de ellos hace que se vea la fealdad de los valores perversos. Tu deseo por la belleza de Dios se convierte en una aflicción por la fealdad de un mundo pecador.

La Fuente de la Belleza

Cuando David ve en el lienzo de la creación, su deseo por la belleza no termina con mirar simplemente lo que es hermoso. No, él quiere conocer al artista que construye y adorna el cosmos. Es por eso que David específicamente utiliza la frase, “la belleza del Señor. “El propósito de un arco iris no es para guiarnos a un duende con una olla de oro, sino para refrescar nuestra alma a través de la belleza de Dios. La existencia de la belleza prueba que el mundo ha sido hecho por una persona de creatividad y capacidad infinita amante de la belleza. David habló de esto en un salmo anterior cuando nos dijo del propósito del cielo y las estrellas de revelar belleza:

> Los cielos cuentan la gloria de Dios, el firmamento proclama la obra de sus manos. Un día comparte al otro la noticia, una noche a la otra se lo hace saber. (Salmos 19:1-2)

Sea una puesta de sol multicolor o sean los colores vivos del otoño, tu conciencia grita que lo que estás contemplando es hermoso. Pero solo con admitir que la escena es hermosa no es suficiente. Al disfrutar de las muchas expresiones de la belleza de Dios, intensificamos nuestra satisfacción al entrar en Su taller y agradecerle personalmente por Su maravilloso trabajo. Enseñamos a nuestros hijos a dar las gracias cuando ellos son bendecidos por otra persona. Sin embargo, nuestro mundo lleno de orgullo resiste el privilegio de decir gracias a su Creador;

> A pesar de haber conocido a Dios, no lo glorificaron como a Dios ni le dieron gracias. (Romanos 1:21)

La mayoría de las personas que se benefician de la belleza del mundo nunca agradecen a Dios por Su santa generosidad. No adorarlo es similar a una persona sin hogar que recibe una casa de un millón de dólares pero se niega a dar las gracias. La tragedia cósmica del mundo es que los que son más bendecidos por Dios son los menos impresionados por Dios.

No sólo es infinitamente malo resistir la adoración, negarse a agradecer a la fuente de la belleza lo llevará cada vez más lejos de experimentar la belleza.

> Por eso Dios los entregó a los malos deseos de sus corazones, que conducen a la impureza sexual, de modo que degradaron sus cuerpos los unos con los otros. (Romanos 1:24)

Cuando buscas encontrar la belleza sin buscar a Dios, Te convertirás en esclavo de las cosas que finalmente te llevarán lejos de la belleza. Este es el fundamento de todo comportamiento adictivo. Una adicción es simplemente una pasión dirigida erróneamente. Es alguien en busca de la belleza pero no en busca de Dios. Toda adicción comienza con un buen deseo - el deseo de la belleza y el placer. Sin embargo, ese buen deseo se convierte en una acción pervertida cuando alguien persigue la belleza sin buscar a Dios.

Porque hemos sido creados a imagen de un Dios grande, estamos llenos de grandes deseos de experimentar una gran emoción y placer. Nos equivocamos, sin embargo, cuando buscamos satisfacer esos anhelos a través de los placeres ilegítimos que en realidad son placeres inferiores. En Juan

4, Jesús se detuvo por un poco de agua en un pozo cerca de la ciudad de Sicar. Allí conoció a una mujer que había estado casada cinco veces y estaba viviendo con otro hombre. Utilizando la metáfora del agua, Jesús le dijo que podía saciar su sed si ella bebiera del agua que él le ofrecía. Su problema no era la sed, sino que no había estado lo suficientemente sedienta. Sólo un encuentro del tamaño de Dios podría llenar los anhelos del tamaño de Dios en el corazón de ella. Ella creyó en sus palabras y abrió su corazón a la vida de satisfacción que le ofreció Jesús. Este servicio de adoración en el pozo la emocionó tanto que lo anunció alegremente a todo su pueblo: "Venid, ved a un hombre que me ha dicho todo cuanto he hecho "(Juan 4:29). Ya no había ninguna necesidad de ocultarlo, pues había descubierto que el lugar más seguro del mundo es el confesar quebrantamiento en la presencia del amor infinito. Sólo cuando descubrimos el amor infinito y la belleza infinita empezaremos a saborear la satisfacción infinita. Esta es la razón por la que Dios envió a Cristo al mundo;

> El que no escatimó ni a su propio Hijo, sino que lo entregó por todos nosotros, ¿cómo no habrá de darnos generosamente, junto con él, todas las cosas? (Romanos 8:32)

Este versículo no significa que Dios nos va a dar toda la comodidad terrenal – esa misma promesa fue hecha a las personas que sufren. Dios no nos va a proteger de las incomodidades en esta tierra. Pero Él siempre va a satisfacer nuestros deseos más profundos. Éste fue el propósito del sacrificio de Cristo: Jesús murió para satisfacer el pago que nuestros pecados demandaban. Y una vez que la demanda fue satisfecha, la cruz se convirtió en un puente al cielo y a la paz de Dios. La lógica es clara. Si Dios estaba dispuesto a dar el regalo más caro para nuestra satisfacción, entonces Él está dispuesto a dar cualquier cosa que necesitemos para servirle hasta que lo veamos.

Pero otra vez, esto no significa que Él nos dará todo lo que queramos. Imagine a un hombre cuyo padre le da todo lo que pide. No trabaja o sirve en ningún lugar. Se sienta en una casa grande y conduce un auto grande y tiene tremendas vacaciones. Come y bebe lo que quiera. Él no tiene obstáculos y no hace sacrificios. Usa todo su tiempo y dinero comprando la comodidad terrenal.

Esa vida puede sonar bastante atractiva al principio, pero cuando llegues a conocer a ese hombre, descubrirás que él es completamente miserable - y más triste es estar a su lado. Dios te ama demasiado como para asignarle esa miseria. Por lo tanto, Él no te dará todo lo que tus ves y codicias. Cuando la Biblia dice que Dios nos da todas las cosas, significa que Él da todo lo que necesitamos para experimentar una profunda satisfacción en la tierra y una perfecta satisfacción en el cielo.

Cuando mi padre murió en 2010, la idea de la satisfacción perfecta fue lo que más me consoló. Mi padre amaba la belleza de Dios y sin duda fue lleno de la paz de Dios. Pero como muchos hombres en sus años de retiro, hubo momentos en la vida de mi padre cuando le fue difícil estar conforme cuando consideraba el impacto de su vida. Su paz fue desafiada aún más por una dura batalla con el cáncer durante los últimos siete años de su vida. Así que en ese domingo por la mañana cuando papá terminó su carrera terrenal, encontré una gran esperanza en la satisfacción eterna que él había comenzado a disfrutar.

Estas son las buenas nuevas del evangelio. Que en algún lugar sobre el arco iris hay en realidad una tierra de satisfacción perfecta. Una tierra donde no hay remordimientos, sin preocupaciones, y sin mal. Una vez que lleguemos a esa nueva ciudad, no habrá nada que nos impida disfrutar la perfección de la belleza de Dios. Después que hayamos vivido allí mil años, el siguiente día será tan emocionante como el primero. No habrá ni siquiera un momento de aburrimiento en este lugar, porque los ciudadanos de este país poseerán cuerpos nuevos con capacidades infinitas para disfrutar de la belleza infinita (1 Corintios 15:42, 43).

Cristo vino a nuestro mundo para que podamos vivir en Su mundo. Él dio su vida para abrirnos la puerta del esplendor. En la última noche de su vida terrenal, Jesús oró específicamente por nuestra satisfacción; "Padre, aquellos que me has dado, quiero que donde yo esté, también ellos estén conmigo, para que vean mi gloria" (Juan 17:24). Esa sería una declaración egoísta e insensata para un simple mortal. Pero cuando esas palabras son dichas por el arquitecto y artista del cosmos, nadie cuestiona su motivo o su competencia. Jesús puede dar o cumplir lo que promete porque Él es infinitamente bueno.

Debido a que estamos formados por la mano de Dios, nuestros corazones están diseñados para ser llenos de Dios. Nada más puede llenar ese vacío, ya que es un vacío con forma de Dios que anhela una emoción con forma de Dios. Después de haber abierto las puertas del cielo a través de su sacrificio en la tierra, Jesús está dispuesto a satisfacer a todos los que dirían que sí a su gloriosa invitación:

> Aquí estoy! Estoy parado en la puerta y llamo. Si alguno oye mi voz y abre la puerta, entraré, y cenaré con él, y él conmigo. (Apocalipsis 3:20)

3

La Expiación Importa

DESPUÉS DE GANAR MÁS DE 130 millones de dólares en el total de ventas, "Expiación" ("Atonement" en inglés) fue nominada a seis Premios de la Academia en 2008. La película se basa en la novela de Ian McEwan a la cual la revista *Time* incluyó en su lista de las grandes novelas de todos los tiempos. La historia se centra en la imaginación caprichosa de una niña de trece años llamada Briony. Ella es una aspirante a escritor que precipitadamente acusa al hombre equivocado de violar a su prima. Su testimonio lleva a la policía a encarcelar a un amigo de la familia (Robbie) quien luego se separa de una mujer que él ama profundamente (Cecilia). A pesar de que finalmente confiesa que no vio a Robbie cometer el crimen, ella no puede revertir los años de dolor que causó. Décadas más tarde ella publica una novela llamada "Expiación" en la que produce un final feliz ficticio para Robbie y Cecilia.

El dilema de Briony es uno que enfrentan todos los seres humanos; no se puede rebobinar como un cassette. Como un golfista que no tiene una segunda oportunidad, las decisiones que tomamos se graban en la tarjeta de puntuación. La vida simplemente no nos ofrece una repetición. No hay manera de que hagamos expiación por lo que hemos hecho. Esta es la razón por la cual el evangelio trae tanta esperanza al corazón culpable. Cuando un hombre o una mujer han fallado a Dios, ellos están agobiados por su incapacidad para enmendar sus acciones. Ellos no pueden hacer nada, dar nada, ni decir nada que deshaga lo que han hecho. Pero este es precisamente el momento donde Dios hace su mejor trabajo. Como dice el salmista: "Nuestros delitos nos abruman, pero tú los perdonaste." (Salmos 65:3)

Independientemente del conocimiento de la Biblia, el fluir de este verso es claro. En su desesperación, el hombre grita: "Mis pecados son más fuertes que yo. "Y luego con una agradecida confianza, concluye, "Pero Dios es más fuerte que mis pecados." Como Pablo dice en Romanos 5:20, Pero allí donde abundó el pecado, sobreabundó la gracia. (Romanos 5:20)." No importa cuánto tiempo hemos estado huyendo de la luz de Dios, el poder de la gracia expiatoria brilla con esperanza en cada corazón oscurecido.

En el Antiguo Testamento, la palabra "expiar" viene de la Palabra hebrea "kaphar", que significa hacer un pago satisfactorio a alguien a quien se le ha hecho mal o que ha sufrido pérdidas. Imagina que tú y yo estamos pescando en un muelle. Yo te pido prestado tu teléfono celular. Por desgracia, al hacer mi llamada, dejo caer tu teléfono en el océano. Como yo miro fijamente lo que he hecho, de repente dices: "Oye, no te preocupes." Ciertamente eso es una gran noticia - por lo menos para mí. Pero el hecho es que al decirme tú a mí que no me preocupe por eso, quiere decir que ahora eres tú quien se va a preocupar por ello. Yo rompí algo tuyo. Y lo pago yo o lo pagas tú. Pero alguien tiene que pagar. Este es el concepto detrás de la palabra "expiación". Al mirar Dios la indemnización que le corresponde por las muchas formas en que hemos violado Sus leyes, Él dice: "Yo proporcionaré el pago que me debes. Voy a sacrificar mis recursos para enmendar tus acciones."

Dios comenzó a declarar este mensaje en el Antiguo Testamento en la fecha más especial del calendario hebreo – El día de la Expiación. Una vez al año la nación de Israel se reunía para adorar en una carpa sagrada llamada el Tabernáculo. Adentro del cuarto más interior de esa carpa había una caja llamada el Arca de la Alianza o Arca del Pacto que contenía los Diez Mandamientos. Basados en Éxodo 20, así es como esas leyes sonarían si Dios las escribiera hoy.

1. No des tu devoción a nadie más que a mí.
2. No confíes en nada más que en mí.
3. No deshonres o trivialices mi nombre.
4. Celebra mi nombre cada semana a través de un día especial de adoración.
5. Busca llevar alegría a tus padres a través de una vida honorable.
6. No deshonres a tu cónyuge por la lujuria.
7. No destruyas vidas inocentes.
8. No tomes algo que no te pertenece.
9. No destruyas a la gente a través de palabras descuidadas.
10. Debes estar satisfecho con lo que te doy.

Eso es un impresionante conjunto de valores que acusa o condena a cada uno de nosotros. Pero en lugar de comparar su desempeño con las normas de Dios, la mayoría de la gente mide su bondad comparándose ellos mismos con otros. Un atleta olímpico puede exceder mi mejor salto amplio por seis metros, pero eso es de poco consuelo si él está tratando de saltar los 175 pies (50 mts.) de una de las Torres Petronas a la otra. Tú puedes pecar menos que tu vecino, pero estás lejos de estar sin pecado. Cuando nos comparamos con La santidad de Dios, todos nosotros caemos significativamente por debajo de su meta para nuestras vidas (Romanos 3:23). Si tú pecaras sólo una vez al día, y vivieras hasta los setenta años de edad, en el momento en que murieras habrías pecado 25.000 veces. Ya sea que viva en Indiana o Estambul, cualquiera que tome un inventario honesto de sus vidas, se dará cuenta que ha fracasado a menudo como para honrar debidamente a Dios.

Muchas personas confían en los rituales religiosos para eliminar impurezas de su corazón. Entre Enero y Marzo de 2013, Allahabad, India acogió a 120 millones de personas que buscaban pureza del pecado a través de un festival religioso llamado Kumbh Mela. Esta celebración hindú, que se realiza una vez cada doce años, se centra en torno a la creencia mitológica que unas pocas gotas de inmortalidad cayeron una vez en cuatro ciudades de la India.

Con el fin de dar cabida a la enorme cantidad de peregrinos que hacen la caminata, se transformaron cinco mil hectáreas de tierra con 35.000 inodoros y decenas de miles de calle alumbradas con cinco subestaciones eléctricas. Muchos asistentes utilizan todos sus recursos para asistir a los dos meses de festival. Independientemente de su origen y la ocupación, todos los participantes se reunieron con el mismo propósito - para lavar su culpabilidad en el rio contaminado Ganges[17].

Decenas de personas tratan de eliminar su culpabilidad a través de actos distintivos de servicio - con la esperanza de que el bien supere al mal. Puede ser que recuerdes la escena final en la película "S*alvando al soldado Ryan*" que se realiza en un cementerio alemán cerca de la Invasión de Normandía. Un envejecido James Ryan finalmente localiza la lápida de un soldado que murió tratando de salvarle la vida durante la guerra. Mientras lágrimas corren por su cara, se vuelve hacia su esposa y dice: "Dime que he sido un buen hombre."

En el mundo entero la gente está tratando de convencerse a sí mismos que son buenos. Pero la pregunta que deberían hacerse es, "¿Qué tan bueno es lo suficientemente bueno?" Casi todo el mundo hace algunas cosas buenas. Pero, ¿cuántas cosas buenas es necesario hacer para ser aceptado en el cielo? Imagine tomar una clase en la escuela en la que el profesor no enseña durante el semestre, ni te dice qué esperar para el examen final. Obviamente, tú pasarías todo el tiempo viviendo con miedo de que no estés preparado para ese día que determina si pasas o fallas. Si el cielo dependiera de nuestra bondad, viviríamos en miedo porque Dios no ha dejado claro qué tan bueno es lo suficientemente bueno; entonces Dios no es bueno, y el cielo no es deseable. [18] Pero, afortunadamente, Dios nos prepara para ese examen final diciéndonos desde el primer día de clase que ninguno de nosotros es lo suficientemente bueno por nuestra propia cuenta;

> No hay un solo justo....no hay nadie que entienda, nadie que busque a Dios....No hay nadie que haga lo bueno; (Romanos 3:10-12)

Dios es tan bueno que Él nos dice de antemano que nuestra bondad no es lo suficientemente buena. Esta sincera instrucción nos debería forzar a prepararnos para el "examen final "a través de un método de expiación aprobado por Dios.

Mientras algunas personas esperan trabajar sus culpas, otros tratan de ignorarla por completo. Imagina este escenario. El día antes de una gran fiesta en tu casa, se te cae una lata de pintura negra en la alfombra blanca. Intentas limpiarla con una toalla, pero apenas notarás la diferencia. Eventualmente lo cubres con una manta para que los invitados no lo vean. Pero cuando la fiesta ha terminado, eres confrontado otra vez con la verdad; la alfombra todavía está manchada.

No importa lo mucho que ignoremos nuestra culpa, aún somos culpables. Después que Poncio Pilato condenó a Cristo a la muerte – con pleno conocimiento de que Jesús no había cometido ningún delito – él se lavó las manos delante del pueblo, y dijo: "Yo soy inocente de la sangre de este hombre "(Mateo 27:24). Pilatos asumió que podía expiar el asesinato lavando sus manos.

El 12 de marzo 2008 Eliot Spitzer renunció como gobernador de Nueva York después que se supo la noticia que había sido cliente por largo tiempo de una red de prostitución de alto nivel. No destaco la historia para entender que su corazón es más pecaminoso que el mío – no lo es. Pero definitivamente él mal entendió la magnitud de su pecado. En la primera línea de su discurso de renuncia, Spitzer dijo, "En los últimos días, he comenzado a expiar mis errores en privado..."[19] Estoy seguro que lamentaba sus acciones. Pero él no logró comprender que las lágrimas y disculpas no redimen. A pesar de su arrepentimiento personal, renuncia pública, y la reconciliación familiar, hay una mancha en su corazón que el dolor no puede borrar.

La Biblia deja claro que Dios no puede y no cerrará sus ojos a las manchas en nuestras vidas. Esas manchas son un resultado de nuestra rebelión contra sus leyes. Debido a que Dios es un juez justo y bueno, Él debe asignar un castigo que satisfaga las exigencias de la justicia en lo que respecta a nuestro crimen. Desde ese momento en que Dios comenzó a revelar sus valores a este mundo, dejó en claro que el precio de la expiación sería siempre el derramamiento de sangre. Con el fin de perdonar los pecados de Israel en el Día de la Expiación, cada año, un sacerdote sacrificaba un toro y una cabra y esparcía su sangre en el arca donde eran guardados los Diez Mandamiento. El lugar exacto en el que la sangre tocaba esa caja se llamaba el propiciatorio. En respuesta a ese sacrificio de sangre, Dios misericordiosamente perdonaría el pecado. Su santidad demandaba un sacrificio. Su amor proveyó el sacrificio que él exigía (Levítico 16:14).

No tenemos que pensar mucho para darnos cuenta que la sangre de toros y machos cabríos no es adecuada para quitar el pecado del hombre. Cada sacrificio del Antiguo Testamento fue diseñado para apuntar al último regalo que Dios proveería - la sangre de un hombre para ser derramada por los pecados de la humanidad. Este es el propósito para el cual Jesús vino;

> Dios lo ofreció como un sacrificio de expiación que se recibe por la fe en su sangre..... pero en el tiempo presente ha ofrecido a Jesucristo para manifestar su justicia. De este modo Dios es justo y, a la vez, el que justifica a los que tienen fe en Jesús. (Romanos 3:25-26)

Muchas personas creen que Dios debería de rociar polvo del cielo a todo el mundo para que todos los pecados le fueran perdonados. Pero hacer esto pondría en peligro sus propias normas. Un buen juez no descarta la ley sólo porque se compadece del criminal. La ley debe ser respetada. Dios es un juez infinitamente santo que ama la justicia tanto como Él ama a las personas. Él no ignorará el pecado sólo para perdonar al pecador. Dios demanda expiación y luego ofrece la misma expiación que Él exige. Él deja a la gente culpable libre mediante la asignación de su culpabilidad a Cristo. La cruz fue una magnífica boda de misericordia y justicia.

La expiación por el pecado a través de la muerte sustitutiva de Cristo era el combustible de la pasión de Pablo. Él quería que todos en todas partes supieran que Dios es un juez justo que hace a los injustos personas justas sin cometer Él mismo injusticia.

Una tarde, mientras viajaba con varios pastores en India, llegamos a una caseta de peaje, mientras hacíamos nuestro viaje hacia la gran ciudad de Hyderabad. Después de haber viajado en muchas carreteras sub estándar o nada óptimas de otras partes del país, me sorprendió la perfecta calidad de esta carretera. Por eso yo no estaba sorprendido que tuviéramos que pagar un peaje. Pero lo que de verdad me sorprendió fue la pregunta que nuestro conductor le hizo al trabajador en la cabina, "¿Cuánto es la expiación?" Si yo nunca hubiera escuchado esa palabra antes, aun sabría exactamente lo que él estaba preguntando. ¿Cuánto es el pago? ¿Qué tengo que darte para pasar a través de esa puerta y viajar en esa carretera?

Si le preguntas a Dios cuánto es la expiación para entrar al cielo, su respuesta será la sangre de Cristo. En este punto, muchos se preguntan, "¿Por qué es Cristo el único camino? ¿Por qué es Jesús el único que puede redimirnos de nuestros pecados?" La respuesta es sencilla: Nuestro pecado es más grave y por lo tanto más costoso de lo que pensamos. Imagínese esta escena en una escuela. Si un niño se enoja en un aula y golpea a otro niño, él ha actuado mal. Sin embargo, si su enojo lo lleva a golpear a su maestro, él habrá cometido un mal mayor. Habrá insultado a alguien de gran dignidad.

> "A mayor la dignidad del insultado, mayor la gravedad del insulto".[20]

Debido a que Dios es infinitamente digno de respeto y obediencia, cualquier rebelión contra Él es infinitamente mala. Porque un crimen infinito necesita un castigo infinito,

Dios proporciona la redención por medio de Su Hijo infinito. Si Jesús fuera sólo un hombre, Él podría morir por un hombre. Pero porque Él es totalmente Dios y totalmente hombre, puede ofrecer expiación por el mundo entero. Nadie puede redimir como Jesús, porque nadie más es como Jesús.

Me encanta cada capítulo de este libro, pero ninguno me emociona tanto como éste. Porque en años de consejería, he visto muchas personas liberadas de culpas paralizantes cuando descubrieron que Dios no quiere castigarlos. Él se deleita en tomar el fracaso de nuestros hombros y los pone en el suyo. Después de que Jesús resucitó de entre los muertos, Él entró en una habitación donde sus discípulos se reunieron atemorizados. Habían abandonado al Señor durante su juicio y crucifixión. Y no tenían intención de continuar Su misión, ahora que Él había sido asesinado. Ellos habían fallado tan miserablemente que toda esperanza se había ido - hasta cuando Jesús entró por la puerta. Y a esos cobardes, poco confiables y ahora- amigos temblorosos, les dice: "La paz sea con vosotros" (Juan 20:19).

¿Cuál era el mensaje del Señor en ese momento? "Yo no estoy enojado con ustedes. De eso se trataba la cruz – de proporcionar un lugar donde Dios puede juzgar el pecado, incluyendo el pecado de traicionarme y abandonarme. Ya todo se ha hecho. La paz sea con vosotros".

La Gracia expiatoria cambió a estos hombres de completos cobardes a discípulos valientes. La confianza en Dios nace en el vientre de la desesperación. Es a través de una experiencia amarga de fracaso que anhelamos beber agua viva que refresca el corazón angustiado.

Todos nosotros fallaremos al igual que lo hicieron los discípulos. Y en ese momento, todos escucharemos una condena de nuestro enemigo espiritual que grita;

Eres un fracaso, un mentiroso, un hipócrita,
Eres un pervertido, egoísta y celoso.
Eres débil, indiferente y frío.

No desmayes, creyente. Porque en ese momento de la condena, el Cristo resucitado caminará por tu puerta y te dirá,

Estás perdonado,
Estás limpio,
Eres mío.

Eres un elegido.
Eres nuevo.
Eres mío.

No quiero avergonzarte
ni usar tu pasado en tu contra.
Eres mío.

Yo te he salvado
porque Te amo.
Eres mío.

> No importa quién eres o lo que has hecho, Cristo extiende el cetro de esperanza para ti;
>
> "... todos pecaron y están destituidos de la gloria de Dios
>
> "... todos son justificados libremente... a través... de Cristo Jesús." (Romanos 3:23, 24)

Estos dos enormes pilares son la base del evangelio - "Que eras más malo de lo que alguna vez te atreviste a creer, pero eres más amado de lo que alguna vez te atreviste a esperar".[21] A lo largo de tu vida vas a dejar de honrar a Dios en muchos maneras. Pero si has elegido seguir a Cristo, ese registro de fracaso ha sido removido de tu cuerpo. Ha sido llevado a la cruz donde el sufrimiento de Jesús lavó todos los rastros de culpabilidad. Y ahora, en esa pizarra blanca de tu corazón, limpiada recientemente, está escrito cada momento de la vida completa y perfecta de Jesucristo.

Cada una de tus imperfecciones ha sido juzgada en la cruz. Cada una de las perfecciones de Cristo se ha añadido en tu cuenta. Así es que ahora no hay nada que te separe de Dios. Tu culpa se ha ido de verdad. En su lugar está la infinita bondad de Jesucristo que cubrió todo tu cuerpo. Lo Qué te define no son tus fracasos, sino Su perdón, no tu pobre historial sino Su perfecto historial.

Entonces, ¿qué vas a hacer con esta gran promesa? Estás en una encrucijada de decisiones con respecto a si quieres o no depositar tu fe en lo que Cristo ha hecho por ti. Es por eso que Pablo enfatizó la necesidad de la fe:

Dios presentó a Cristo como un sacrificio de expiación... *para ser recibida por la fe.* (Romanos 3:25)

La fe es la única llave que abre la puerta a la eternidad de La gracia de Dios. El único pecado que te puede separar de Dios es la auto- confianza en la autosuficiencia de tu propia bondad. La principal causa en el mundo de la muerte de la gracia es el orgullo. ¿Qué debes hacer para ser salvo? Creer en Jesús. Pon tu confianza en quien Él es y lo que Él ha hecho. La salvación era tan difícil para Dios, sin embargo, Él lo ha hecho tan sencillo para nosotros - la fe.

Para que seas liberado de la muerte eterna, Cristo tuvo que morir. Sólo tienes que creer.

Para que te acercaras a Dios, Cristo tuvo que ser separado. Sólo tienes que creer.

Para que seas perdonado del pecado, Cristo tuvo que ser condenado. Sólo tienes que creer.

Cristo compró tu redención con su sangre.
Recíbelo con convicción.

Dios necesitaba que su Hijo sufriera. Es necesario que tú Confíes en ese sufrimiento.

Fuiste rebelde. Cristo sufrió.

Tú crees. Dios salva.

Jesús ha hecho todo lo necesario para expiar tu pecado. Ahora debes decidir si lo que ha Él hecho será el fundamento de tu vida y la fuente de tu esperanza. Si aún no eres un seguidor de Jesucristo, es posible que sientas un poco de presión en estos momentos. Esa presión es Dios pidiendo que abras tu corazón y ofreciéndote el don de la fe. Él lo está haciendo posible para que tú puedas ver a Cristo, creer en Él, y venir a Él. Recibe su amor por la fe. No esperes hasta que entiendas todo lo que te está sucediendo; Dios es más grande de lo que tu mente puede comprender. No esperes hasta que te sientas lo suficientemente limpio para venir; Dios sabe lo que le estás trayendo. Ya has luchado con Dios lo suficiente; confía en Él. No hay otra manera de entrar en la carrera; la gracia de Dios siempre ha venido de la misma manera - *sola fide* - solamente a través de la fe.

El Propósito Importa

WILLIAM THOMAS, UN NOVELISTA BRITÁNICO del siglo 19, comentó una vez,

> Cualquiera que piense que es importante por lo general es sólo un idiota pomposo que no puede enfrentar su propia patética insignificancia, y el hecho de que lo haga es insignificante e intrascendente.

¿Te gustaría tener a este hombre hablando en tu seminario motivacional? Creo que William Thomas necesitaba un abrazo. Él También necesitaba leer esta vital Escritura:

> Porque somos hechura de Dios, creados en Cristo Jesús para buenas obras, las cuales Dios dispuso de antemano a fin de que las pongamos en práctica. (Efesios 2:10)

Si no hubiera Dios, William Thomas estaría en lo correcto sobre la irrelevancia de nuestra vida. Pero cuando el Creador usa nuestras manos en su trabajo, nuestras vidas se vuelven eternamente significativas. Tú has sido creado para realizar tareas que son importantes para Dios.

Estamos capacitados para servir

> Porque somos hechura suya, creados en Cristo Jesús... (Efesios 2:10)

Cuando la Biblia dice que somos "hechura "de Dios, se usa la palabra griega "*poema* ", de la que obtenemos nuestra palabra "Poema." Se puede traducir como "obra maestra" y es una referencia a cualquier obra de arte. Dios no intenta hacer su trabajo más hermoso ni en las montañas cubiertas de nieve o coloridas puestas de sol. Él quiere hacer su obra más hermosa en y a través de tu vida. Tú eres su obra maestra.

Muchos se consideran a sí mismos poco calificados para servir a Dios, porque son perseguidos por la culpa. Se sienten como una obra de arte que ha sido destruida con pintura en aerosol. Pero la restauración de las vidas dañadas es precisamente por lo que Jesús vino al mundo. No importa lo que hayas hecho o dónde has estado, cuando tu vida se fusiona con Cristo, tu vida toma una belleza especial. Es por eso que Pablo tiene cuidado de decir que somos creados "en Cristo." Esa frase es tan importante que se utiliza 150 veces en el Nuevo Testamento. En Cristo, *a través de* Cristo, *con* Cristo - Su belleza fluyendo en nosotros es lo que nos hace hermosos.

Considere el mundo físico en el que vivimos. Antes de que Dios creara los océanos extensos, poderosos robles, halcones altísimos, y los cielos estrellados, la belleza no existía. Del mismo modo, ninguna vida posee belleza definitiva hasta que vuelve a ser creada por Cristo. Es Por eso que Jesús le dijo a un líder religioso llamado Nicodemo que él necesitaba nacer de nuevo.

> De veras te aseguro que quien no nazca de nuevo no puede ver el reino de Dios —dijo Jesús. (Juan 3:3)

Cuando la Biblia habla de nacer de nuevo, se refiere al proceso de ser totalmente renovado a través de una relación con Jesucristo. Sí tú dijeras que sí a Cristo, Dios no te retocaría o repararía. Él te volvería a crear. Él te volvería a hacer. Él tomó todos los pecados de tu corazón y lo transfirió a la cruz donde murió Jesús, y tomó todo el bien del Cristo resucitado y lo transfirió a tu cuerpo. Si esta transferencia no se hubiera llevado a cabo, tú aún estarías sirviendo a Dios con una vida impura. Sería como un plomero en su pausa para el almuerzo que ofrece a un compañero de trabajo la otra mitad de su sándwich sin lavarse las manos después de limpiar un tanque séptico. Cuando Cristo purifica nuestros corazones, somos capaces de servir a Dios con manos puras. Jesús nos capacita para dar regalos limpios para el Señor.

Somos libres para servir

Algunas personas son tan cuidadosos en enseñar que solo la fe salva, que no logran hacer hincapié en que la fe salvadora nunca está sola. Pablo destaca ambas verdades en Efesios 2:

> Porque por gracia ustedes han sido salvados mediante la fe...no por obras (V. 8)

> Porque somos...creados en Cristo Jesús para buenas obras. (V. 9)

¿Ves lo que está diciendo la Escritura? No somos salvos por NUESTRAS obras, sino que somos salvos para SUS obras. Uno de los milagros más hermosos en el ministerio de Cristo ocurrió en ese momento cuando resucitó a Lázaro de entre los muertos. Cuatro días después de la muerte de este hombre, Jesús fue a la ciudad de Betania, se dirigió a la tumba donde su amigo había sido puesto, y ordenó que saliera de la tumba.

> Dicho esto, gritó con todas sus fuerzas: ¡Lázaro, sal fuera! El muerto salió, con vendas en las manos y en los pies, y el rostro cubierto con un sudario. Quítenle las vendas y dejen que se vaya —les dijo Jesús. (Juan 11:43-44)

Después de haber estado muerto durante cuatro días, Lázaro era impotente para salvarse a sí mismo. Pero a través del milagro de Cristo, él ahora estaba facultado para hacer grandes cosas. Lázaro no fue salvo por su obra, pero fue salvo para hacer buenas obras.

Al leer esta historia, me pregunto cuánto tiempo paso entre la resurrección de Lázaro y la eliminación de su mortaja. Piensa en ello desde la perspectiva de los discípulos. Ellos vieron a Jesús mandar salir de la tumba a un cuerpo embalsamado después de haber estado muerto cuatro días. La respuesta natural de ese evento sería el miedo. Una respuesta poco natural sería: "Oye, eso fue genial; vamos a desenvolverlo".

Desde el punto de vista del siglo 21, estamos de acuerdo que sin duda, Lázaro necesitaba ser desenvuelto. Sería loco levantarlo de los muertos sólo para hacerle pasar el resto de su vida deambulando en su mortaja. Es igualmente loco en nuestra generación cuando un cristiano celebra su salvación, pero no se compromete en las obras espirituales. En esencia, se parece a Lázaro - vivo pero aún sin desenvolver.

¿Puedes imaginar la alegría de Lázaro cuando el último trozo de la ropa de su entierro fue removido de su cuerpo? Su boca era libre para hablar de Jesús. Sus manos estaban libres para servir a Jesús. Sus pies eran libres para caminar a los pueblos que no conocían de Jesús. Dentro de algunas semanas después de este evento, la Biblia dice que Lázaro organizó una fiesta en su casa, donde Jesús fue honrado. Nadie tuvo que persuadirlo a usar su tiempo y recursos para la misión de Cristo. Él deseaba servir a aquel que con tanta gracia le sirvió. Eso es lo que la gente libre hace.

Poco después de su liberación de una cárcel de máxima seguridad, Chuck comenzó a dirigir nuestra iglesia para servir a las familias de los reclusos a través del ministerio del "Árbol del Ángel". Llevando regalos a los hijos de los hombres y las mujeres encarceladas durante la navidad - y compartir un mensaje de la esperanza de Cristo en sus hogares - hemos podido recordar a cientos de familias que Dios no los ha olvidado.

Pero la visión de Chuck no se detuvo allí. Más de 650.000 hombres y mujeres salen de prisión cada año en los EE.UU. Un ticket de autobús de ida lleva a muchos de ellos a las ciudades donde nadie los espera. Con el fin de prepararlos para la reinserción en la sociedad, Chuck ayudó a iniciar *"Jump Start"* (Salto de Comienzo). Es un ministerio que brinda asistencia con viviendas temporales, puestos de trabajo, y un programa de mentoría basada en la Biblia durante un año después que un preso es puesto en libertad. Una de las amistades más preciadas de nuestra familia vino a nosotros a través de este ministerio. Después que Aaron pasó 13 años en prisión, encontró un hogar en nuestra ciudad y nuestro corazón. Cada hora que paso con este querido hermano me recuerdo de la gran promesa de Cristo, "Si el Hijo los libera, serán ustedes verdaderamente libres "(Juan 8:36).

Desde 1987, el público de todo el mundo ha visto el poder del amor a través del cuarto espectáculo más duradero de Broadway, *Les Misérables.* El personaje principal de la obra maestra de Víctor Hugo es Jean Val jean, un reciente convicto en libertad condicional que sirvió diecinueve años en trabajos forzados después de robar pan para el hijo moribundo de su hermana. Desesperado por encontrar un nuevo comienzo, se encuentra con un mundo que duda de él y que lo rechaza sin conocerlo.

Después de haber perdido toda esperanza, roba varias piezas de plata de un sacerdote que le había dado comida y refugio por una noche. Poco después, es detenido y regresó para enfrentar cargos. Pero el sacerdote lo conmueve informando a la policía que la pieza de plata había sido un regalo y no fue robada. Ya sin la amenaza de enjuiciamiento, el sacerdote explica sus acciones al sorprendido ladrón; "... Mi hermano, ya no perteneces más al mal. Con esta plata, he comprado tu alma... y ahora te entregaré a Dios". Ese acto tangible del amor libera a Jean Valjean de la prisión de la amargura que todavía lo retenía.

No hay mayor gozo que ofrecer ayuda práctica a una vida quebrantada, permitiéndoles escuchar a Jesucristo el sacerdote eterno decir, "ya no perteneces a la maldad. Con esta sangre, yo he comprado tu alma... y ahora te entrego a Dios".

Somos diseñados para servir

> ....buenas obras, las cuales Dios dispuso de antemano a fin de que las pongamos en práctica. (Efesios 2:10)

No puedo guardar todas las cartas que recibo en el correo, pero por los últimos seis años he guardado una. Se trata de una imagen de unas manos de alfarero formando un trozo de arcilla en un vaso a su elección. A la derecha de la imagen está la cita de Roy Hession:

> Tú no estás aquí por casualidad, sino por la elección de Dios. Su mano te formó y te hizo la persona que eres... Él te ha permitido estar aquí en este momento en la historia para cumplir Su propósito especial para esta generación.

A las obras que Dios te llama no son arbitrarias y ciertamente no son sin importancia. Han sido seleccionados por Dios para ti. La enseñanza clara del Nuevo Testamento revela dos cosas acerca del servicio al Señor. Tú *has sido preparado para trabajos específicos. Trabajos específicos han sido preparados para ti.* ¿Ves la diferencia en estas declaraciones? La primera habla de habilidades. La segunda habla de las oportunidades. Dios nos forma cuidadosamente y nos posiciona estratégicamente. Él nos equipa a través del trabajo del Espíritu Santo y luego nos lleva a través de puertas abiertas donde nuestras vidas tendrán el máximo impacto. G. Campbell Morgan ofrece esta visión con respecto al trabajo del Señor en nuestras vidas:

> Él ha estado delante de mí preparando el lugar al cual yo voy, manejando todos los recursos del universo para que el trabajo que hago pueda ser una parte de Su completa y misericordiosa obra.[22]

Dios está trabajando con un plan. Todo es de valor para su Creador. Experiencia, educación, recursos, habilidades adquiridas, dones espirituales, éxito, sufrimiento - todas las cosas son guiadas al ritmo de Dios para que podamos ser capaces de revelar su amor en forma única a través de tareas que son hechas a la medida para nosotros. Cada momento de tu vida es como una gota de lluvia que cae en un arroyo, el cual encuentra su camino hacía un riachuelo, que se conecta con un río y desemboca en el océano. Junto a millones de creyentes en todo el mundo, Dios está tejiendo cada detalle de tu vida en un hermoso tapiz de trabajos a través de los cuales Él muestra su amor a un mundo quebrantado.

Como consejero espero ver corazones profundamente heridos entrar en mi oficina. Pero es particularmente difícil cuando esas heridas son el resultado de los abusos sexuales sufridos en la infancia. Tal fue el caso de una madre joven que fue víctima de un tío en las vacaciones de verano cuando ella tenía sólo nueve años de edad. Por la gracia de Dios, esta mujer ha experimentado tanta sanidad que ahora desea ayudar a otros. Pero debido a que ella no tenía formación profesional, se sentía mal equipada para servir. Nunca olvidaré cómo ella expresó su frustración: "Yo no tengo una habilidad; Sólo tengo un pasado".

No sé cuando he oído más profunda inocencia. ¡Qué delicia fue ayudarla a ver que la clave de un ministerio poderoso ya estaba en sus manos. Su pasado redimido abriría puertas a muchos otros para ser liberados de las cadenas de sus pasados. Nunca menosprecies la historia de Cristo en ti. Todo en ti es importante.

Poco después de casarse, Amber y Thurston se trasladaron a Asia Oriental a animar a los creyentes en las iglesias subterráneas. Su ministerio fue eficaz, pero también revelador. Sin traductores, estaban bastante limitados en todos los aspectos de la vida diaria. Este sentimiento de vulnerabilidad trajo una pasión a sus corazones por los miles de extranjeros que viven en los EE.UU. cuyas pobres habilidades del idioma a menudo obligan a las familias a vivir en situaciones agobiantes.

Tal fue el caso de una familia paquistaní que se mudó a la EE.UU. para participar en un negocio familiar. Cuando ese trabajo fracasó al no materializarse, Amber encontró un marido y una esposa atrapados por la misma barrera del idioma que ella y Thurston habían enfrentado en el extranjero. A través de mucha orientación personal, ayudaron a esta familia a comenzar a navegar en nuestra cultura. Porque El amor de Dios se demostró tangiblemente, un padre paquistaní está trabajando ahora en nuestra ciudad y su familia está adorando en nuestra iglesia.

Habiendo aprendido qué medidas son las más útiles, Amber y Thurston han puesto en marcha un ministerio en nuestra ciudad que se llama *English Crossing* o "Cruzando el inglés". Cada semana, los voluntarios ofrecen clases de idioma para los extranjeros que son incapaces de funcionar en una comunidad donde anhelan conectarse y contribuir. El ministerio se llama "Cruzando el inglés". Porque cumple dos objetivos. Se llama "inglés" porque las familias tienen la oportunidad de aprender inglés; y "Cruzando" (por la *Cruz*) porque también escuchan cómo Dios ha satisfecho sus necesidades más profundas en la Cruz. La ex profesora de la Universidad de Syracuse, Rosaria Butterfield, articulan la verdad central que motiva a los voluntarios que dedican tiempo y recursos para este ministerio;

> Dios ha apartado un pueblo desde antes de la fundación del mundo para recibir su gracia, y ahora ellos te están esperando a ti en toda nación y pueblo.[23]

Somos inspirados a servir

En la noche antes de su crucifixión, después de la cena de Pascua, Jesús sorprendió a los discípulos a través de un acto de servicio que destacó la totalidad del mensaje de Su vida;

> [Jesús] se levantó de la mesa, se quitó el manto, y ató una toalla a la cintura. Luego puso agua en un lebrillo y comenzó a lavar los pies de sus discípulos (Juan 13:4, 5)

El momento era demasiado para que Pedro lo soportara. En los últimos dieciocho meses, él había visto a Jesús controlar el viento y el mar, ordenar a los muertos levantarse, y a las fuerzas demoniacas a huir. ¿Cómo podría él permitir que este hombre - que era mucho más que un hombre – se arrodillara ante él y lavara sus pies? Jesús le dijo a Pedro que dejara de resistirse a sus acciones, sino más bien que aprendiera de la lección vista;

> Les he puesto el ejemplo, para que hagan lo mismo que yo he hecho con ustedes. (Juan 13:15)

Es el ejemplo y el mandato de Cristo que han impulsado el increíble trabajo del Dr. Tom Catena en Sudán, África. Como un defensa élite en futbol americano en la liga de universidades prestigiosas de EEUU y beneficiario de la famosa beca Rhodes en la Universidad Brown, Catena se especializó en ingeniería mecánica. Pero un deseo de hacer frente al sufrimiento humano entre los países sub desarrollados del mundo lo llevó a estudiar medicina familiar en la universidad Duke y cirugía general en Kenia.

En 2008 se trasladó a las montañas de Nuba en Sudán Central para abrir el hospital "Madre de la Misericordia" con 80 camas. Es el único hospital quirúrgico en la región. Catena es el único médico permanente en el campus. Vio a 200 pacientes en la jornada inaugural. Desde el tratamiento de personas hasta la capacitación del personal para el manejo de un hospital, el ritmo no ha cambiado nunca.

Un sinfín de tipos de sufrimiento lo han obligado a aprender más habilidades que un amplio equipo de especialistas. La malaria, la lepra, la meningitis, embarazos ectópicos, nacimientos por cesárea, cirugía intestinal, operaciones urológicas, tumores cerebrales... son algunos de los miles de casos que Catena ha enfrentado - siempre trabajando en malas condiciones.[24]

Su anestesiólogo es un hombre sudanés con un octavo grado de educación primaria. Las moscas deben ser expulsadas de la primitiva sala de operaciones. Mosquiteros cuelgan a lo largo de las salas. Cuerpos sucios llenan el hospital con un fétido hedor. El calor africano es agobiante.[25] Y la guerra civil de Sudán produce horribles heridas que a menudo requieren amputación. Las bombas han caído frecuentemente tan cerca del recinto médico que Catena piensa por qué su hospital no ha sido afectado.

Entonces, ¿Por qué él permanece allí? Por el ejemplo y el mandato de Jesús. Catena dice,

> La idea es servir. Tú utilizas a Cristo como tu guía, tu mentor. Esto es lo que Él hizo. Él vino a servir, no ser servido... Se supone que debemos ser misioneros... Éste no es un tiempo para marcharse.[26]

Estamos facultados para servir

Si tú has puesto tu fe en Cristo, el Señor ha puesto Su Espíritu en tu cuerpo. El propósito del Espíritu Santo es profundizar nuestro afecto por Dios, fortalecernos contra la tentación, y equiparnos para influencias espirituales. En una ocasión memorable, Jesús habló de la obra del Espíritu;

> En el último y gran día de la fiesta, Jesús se puso en pie y alzó la voz, diciendo: "Si alguno tiene sed, venga a mí y beba. El que cree en mí, como dice la Escritura, de su interior correrán ríos de agua viva". Con esto se refería al Espíritu que habrían de recibir más tarde los que creyeran en él. (Juan 7:37-39)

En el momento de este anuncio, Jesús estaba en Jerusalén para una fiesta en la que los judíos recordaban todas las provisiones de Dios durante los 40 años del paso de Israel por el desierto. A medida que las personas celebraban el agua que había sostenido su vida, Jesús destacó su habilidad para satisfacer la sed eterna del hombre. Con la promesa de satisfacer cada deseo de nuestro corazón, Jesús se separa de todos los líderes religiosos de la historia.

Cuando la Biblia dice que Jesús levantó su voz, utiliza una palabra que significa hablar tan alto como sea posible. Él estaba rogando que todo el mundo bebiera de la copa de la vida eterna que Él ofreció. Siempre habrá personas que están satisfechas en su pecado y no tienen sed de la vida que Dios ofrece. Pero para aquellos que desean un alivio para sus almas deshidratadas, Jesús es "Fuente inagotable de consuelo."[27]

Pero el objetivo de Cristo no es sólo saciar nuestra sed. Al invitarnos a beber de su Espíritu, Él capacita a personas satisfechas para que se conviertan en personas que satisfagan a otros. Los que beban del agua viva se convertirán en proveedores de agua viva. Dios desea que los bendecidos bendigan. Este es un concepto tan extraño en nuestra generación donde la gente piensa que el cristianismo es principalmente que Jesús satisfaga sus necesidades. No. Jesús no te salvó para ti. Él desea satisfacer tus necesidades para que Él pueda satisfacer las necesidades de otros a través de ti. La iglesia es más que un lugar donde sealcanza un toque del Espíritu Santo.

En su libro, *"¿Por qué dar?"*, John DeVries hace esta acusación en contra de la iglesia moderna;

> Muchas de las llamadas del evangelio son poco más que un llamado al parasitismo espiritual.

Como ustedes saben, un parásito es un organismo que absorbe la vida de otro organismo sin devolver nada. DeVries cree que este comportamiento se está repitiendo en la iglesia:

> Enseñamos a la gente que el cristianismo tiene que ver con lo que Jesús te da, lo que el Padre te da, lo que el Espíritu te da. Pero nunca lo que tú le das al Señor.

El mensaje del Evangelio no es venir, y recibir, sino recibir y dar. Cristo derramó agua viva en el suelo seco de tu corazón para producir un río que fluye - no un estanque de retención.

Compartir la esperanza con gente herida se ha convertido en el gran deseo de Roland Bergeron. Roland tenía cincuenta años cuando recibió a Cristo en su vida. En ese momento él era un exitoso constructor disfrutando de muchas bendiciones terrenales. Pero su camino con Cristo pronto pondría su atención lejos de él mismo. Dios le dio un profundo amor por "los olvidados de este mundo, la gente que vive marginada por quien nadie se preocupa - pero personas a quienes Dios ama".

Roland pronto descubrió que la única cosa que muchos de los pobres del mundo tienen en común es que no tienen acceso al agua potable. Mientras que el estadounidense promedio utiliza 100 galones de agua por día, millones de pobres del mundo subsisten con cinco galones al día. En muchos países africanos, las mujeres caminan un promedio de 3,7 millas (6 Km.) por día sólo para conseguir agua. A veces sus mochilas llenas de agua pueden llegar a pesar hasta cincuenta libras (aprox. 23 kilos).

Repetidos viajes para transportar agua pueden durar fácilmente ocho horas al día. Pero es algo que deben hacer para mantener sus familias con vida. Las enfermedades transmitidas por el agua son la principal causa de muerte en el mundo, y el 80 por ciento de las camas de hospitales en los países subdesarrollados están ocupadas por pacientes con enfermedades transmitidas por el agua.[28] Según el Comité de Agua y Saneamiento de las Naciones Unidas, las enfermedades por beber agua contaminada contribuyen con 6.000 muertes cada día.

Al darse cuenta de la diferencia dramática que el agua limpia haría, Roland formó el ministerio Agua de Vida, y comenzó a cavar pozos en África y la India. Cada vez que cava un nuevo pozo, un pueblo entero se libera de las posibles enfermedades transmitidas por el agua. Y ahora las mujeres pueden continuar sus estudios, ganar ingresos, y ofrecer una mejor atención a sus familias.

Pero la mayor alegría proveniente de su ministerio es responder a una pregunta que a menudo es hecha por los aldeanos, "¿Por qué viniste?" Su respuesta es simple: "Jesús nos envió." Roland no tiene el deseo de satisfacer las necesidades físicas inmediatas de los pobladores sin tener en cuenta su eterna sed también. Por lo tanto, el propósito de cada viaje misionero es "asociarse con pastores locales para proporcionar vida a través del agua, para presentar a Cristo, y para cambiar al mundo, un pueblo a la vez." A todas partes donde viaja, los aldeanos le dicen a Ronald que han estado orando para que alguien les traiga asistencia de agua a ellos. Seguramente todos estamos de acuerdo con su respuesta a tal declaración: "Nada anima más tu corazón que se te diga que eres una respuesta a la oración".

5

La Disciplina Importa

WILLIAM BRADFORD, GOBERNADOR DE LA Colonia Plymouth desde hace treinta años, no era sólo un fuerte líder civil, sino un hombre con profundas raíces espirituales. Su intensa devoción a Dios era común entre un grupo de personas que la historia los menciona como los *Puritanos*. Sus contribuciones literarias de los siglos 17 y 18 aún hoy están impactando a la iglesia. Los puritanos conocían a Dios profundamente porque ellos lo buscaban a través de lo que llamaron "los medios de la gracia." Cuando los puritanos hablaban de *los medios de la gracia*, estaban hablando de esas actividades específicas a través de la cual los creyentes podían experimentar la gracia de Dios.

Piénsalo de esta manera. Si quieres ver deportes en televisión, Tú no puedes hacer eso encendiendo el canal de Historia. Tienes que ir a ESPN porque ese es el canal que te llevará a los deportes. Cuando hablamos de los medios de gracia, estamos realmente preguntando: "¿Qué canal debería elegir para ser fortalecido por la gracia de Dios?"

Para ver una hermosa cascada en las montañas, necesito caminar por un sendero que me llevará a experimentar su belleza. La cascada está a disposición de todos, pero será disfrutada sólo por aquellos que andan en el camino designado. Así es que sí, la gracia de Dios es gratis. Pero hay un camino en el que debes caminar para recibirla. Esos caminos son los medios de la gracia. Y, ya que debes disciplinarte para caminar diariamente en esos caminos, los medios de gracia también se conocen como *las disciplinas espirituales*. Es por esto que Pablo instruye a Timoteo:

> Ejercítate en la piedad. (1 Timoteo 4:7)

La palabra "entrenar "viene de la palabra griega "*gumnazo*" de donde obtenemos nuestra palabra "gimnasio". ¿Cómo se llegar a ser un gran jugador de baloncesto? ¿Tratando de ser grande? No. Pero sí entrenando para ser grande. Tú te disciplinas para entrenar en un lugar que muy probablemente te ayudará a lograr tus metas. Los medios de gracia por lo tanto, son las disciplinas que te ponen en los niveles donde tú encontrarás a Dios más plenamente.

Durante los Juegos Olímpicos de Londres 2012, AT & T presentó un anuncio de un salto de un nadador en una piscina olímpica tamaño mar. A medida que comienza a nadar hacia el horizonte, la teleaudiencia escucha los pensamientos del atleta:

> La suerte no me trajo a los Juegos Olímpicos. No se llega al podio solo por desearlo. No puedes comprarlo o solo desearlo. No es suficiente soñar con esto. Yo nadé hasta aquí.

Los que prosperan en el deporte no tratan de ganar tanto como entrenan para ganar. Ellos no tratan de ser rápidos; entrenan para ser rápidos. Ellos no tratan de ser fuertes; entrenan para ser fuerte. Esto es exactamente lo que Pablo quiso expresar cuando dijo, ¿No saben que en una carrera todos los corredores compiten, pero sólo uno obtiene el premio? Corran, pues, de tal modo que lo obtengan. Todos los deportistas se entrenan con mucha disciplina. (1 Corintios 9:24-25)

El 18 de Octubre de 1978, un grupo de atletas se reunieron en Kona , Hawai para participar en un evento de resistencia sin precedentes. Lo llamaron "el Hombre de Hierro". Con el fin de llegar a un acuerdo con respecto a quién estaba mejor físicamente entre los corredores, nadadores y ciclistas, el capitán de navío John Collins juntó a quince hombres y les dio las siguientes instrucciones:

> Naden de 2.4 millas! (3.8 km) Pedaleen 112 millas! (180 km) Corran 26.2 millas! (42 km) Alardeen por el resto de su vida! [29]

De los quince hombres que comenzaron la carrera, doce terminaron. Gordon Haller, un conductor de taxi y entrenador aficionado, cruzó la línea de meta en 11 horas, 46 minutos y 58 segundos. Al instante fue aclamado como el verdadero *Hombre de Hierro.*

Normalmente, cuando pensamos en el triatlón "Hombre de Hierro", nuestro asombro proviene del hecho que un ser humano pueda en realidad lograr esto. Pero lo que es igualmente sorprendente es la semana de entrenamiento que estos atletas soportan para estar preparado para la carrera. El triatleta *Hombre de Hierro* pasa un promedio de 18 a 24 horas de entrenamiento cada semana para este evento. Una semana típica incluye 7 millas (11 km) de natación, 225 millas (362 km) de ciclismo y 48 millas (77 km) de corrida.[30] Los *"Hombres de Hierro"* no nacen. Ellos ascienden a increíbles niveles de condición física a través de miles de horas de entrenamiento. Del mismo modo, si tú quieres llegar a ser un excelente siervo de Jesucristo, debes entrar en una vida de entrenamiento.

Alguien podría preguntar: "¿Todo esto habla de la disciplina espiritual quiere decir que debemos completar diariamente una lista de actividades para que Dios continúe amándonos?" Por supuesto que no. la Biblia dice que... "....Dios demuestra su amor por nosotros en esto: en que cuando todavía éramos pecadores, Cristo murió por nosotros" (Romanos 5:8). De acuerdo con este versículo, ¿cuándo Dios nos amó? Cuándo vivíamos en la rebelión ! La disciplina espiritual no aumenta El amor de Dios para ti, sino que incrementa tu amor por Dios. La única razón por la que aún tenemos acceso a Dios es porque Él dio el primer paso: "Nosotros lo amamos, porque él nos amó primero "(1 Juan 4:19). Nosotros insultamos a Dios si tratamos de pagarle por tal bondad. Pero lo deshonramos si respondemos a Él con un bostezo. Como Dallas Willard dice, "La gracia no se opone a esfuerzo; se opone a auto-méritos".

Somos amados por un Dios que creó el universo, sustentador de la vida, controla la historia, y perdona a los pecadores. Él es la fuente de toda belleza, el poder, los logros y la paz. Nuestro objetivo es conocerlo para que podamos ser emocionados por él. Para que eso ocurra, debemos disciplinarnos para permanecer en Su presencia, participando en esas cosas que nos llevarán a verlo y amarlo.

La madurez espiritual no ocurre porque tú quieres ser maduro. Ni tampoco sucede porque caminas a través de un prado emocional que te lleva a mirar hacia el cielo y decir: "Dios, realmente quiero conocer tu voluntad. Por favor pon las nubes en forma de palabras que me digan lo que quieres que haga." A nuestra carne impaciente le encantaría eso. Pero ninguna relación significativa se desarrolla de esta manera. Llegamos a conocer a Dios cuando diariamente disciplinamos nuestras vidas para buscarlo.

A menudo, cuando oímos la palabra "disciplina", nuestra primera impresión es algo negativo. Es imprescindible que reentrenemos nuestra mente a través de tres principios:

La disciplina maximiza tu potencial

Un tren rueda por las pistas no sólo porque está dirigido por un motor potente, sino porque el propio tren se limita a una conjunto de pistas que están espaciados en 56,5 pulgadas. Si ese tren no se limita (o disciplina) por las pistas, sería inútil. Después de todo, ¿cuántos trenes has visto resoplando por el medio de la autopista?

Kareem Abdul- Jabbar dijo que Earl Manigault fue el jugador más grande de baloncesto que ha tenido la ciudad de Nueva York – y tal vez el jugador más talentoso que él haya visto alguna vez.[31] Como estudiante de secundaria, una vez Manigault anotó 57 puntos en un solo juego. Su salto vertical de 50 pulgadas (1.27 mts.) y una increíble anotación a dos manos eran legendarias en todo Manhattan. Sus innovadores movimientos eran similares a los de David Thompson de NC State y el legendario Michael Jordan de UNC Tar Heel.

Así que ¿por qué la mayoría de la gente nunca ha oído hablar de Earl Manigault? Porque su vida indisciplinada lo llevó a dejar la universidad, regresar a las calles, y comenzar a usar heroína. Mientras Jabbar estaba construyendo su camino al Salón de la Fama de la NBA, su amigo de la infancia estaba entrando y saliendo de la cárcel. En sus últimos años, Manigault habló de su amistad con Jabbar; "Al crecer, Kareem y yo estábamos muy unidos. Los dos teníamos talento y ambos terminamos tomando caminos diferentes en la vida. Él eligió su camino, y yo elegí el mío - y he pagado por ello."[32] La disciplina importa.

La disciplina abre oportunidades futuras

La mayoría de la gente asocia la palabra "disciplina" con algo que limita su libertad. Pero en realidad, la disciplina adecuada amplía su libertad. Piense en alguien que toma lecciones de piano. Tú podrías decir que durante una hora al día su libertad es limitada. Pero en realidad se amplía su libertad. Porque después de un período de tiempo, son libres para disfrutar del piano. Pueden tocarlo en cualquier momento que quieran. Pero considera a alguien como yo, que renunció a las clases de piano cuando la señora Burris me dijo que yo tenía que aprender a tocar las teclas negras también. Yo no quería disciplinarme a ese nivel así que no puedo tocar el piano libremente. Así que todos esos días que yo pensaba que estaba disfrutando de la libertad de las clases de piano, en realidad se llevaron mi libertad para tocar ahora.

Cualquiera que se resiste a la disciplina actual perderá futuras bendiciones. No porque Dios sea implacable, sino porque somos incrédulos. Ahora que nos encontramos en la encrucijada de la autodisciplina y de la autocomplacencia, Dios dice que Sus mejores planes para nosotros se encuentran en la autodisciplina. Sin embargo, nos convencemos que una vida desenfrenada nos conducirá finalmente a las mismas oportunidades. Simplemente no es cierto, porque al rechazar el camino de la disciplina, estamos caminando lejos de encuentros específicos y experiencias a través de las cuales Dios quiere bendecirnos.

La disciplina honra la gracia

Si optamos por rechazar una vida de disciplina espiritual, nos volvemos culpables de abrazar lo que Dietrich Bonhoeffer llama "Gracia barata". Bonhoeffer fue un pastor alemán, cuya posición contra Adolfo Hitler finalmente le costó la vida. Él estaba profundamente preocupado al ver a la iglesia establecida jugar al cristianismo de una gracia que rechazaba la disciplina. Con una pasión como de profeta, él llamó a la iglesia a volverse de esta teología sin fundamento;

> La gracia barata es el enemigo mortal de nuestra Iglesia... Gracia sin precio; gracia sin costo!... Suponemos que la cuenta ha sido pagada por

> adelantado; y porque esta ha sido pagada, todo puede ser tenido por nada.
>
> La gracia barata es la gracia sin discipulado, gracia sin la cruz, gracia sin Jesucristo.[33]

Hay un montón de gente que se acerca a Dios con gracia barata. Como resultado ellos viven vidas débiles, poco confiables y poco profundas. Porque nunca se han disciplinado a sí mismos para conocer a Dios, ellos no tienen ningún deseo de servirle y sacrificarse por Él.- Y ciertamente no sufrir por él.

Hace varios años visité la Catedral de Notre Dame en París. Su tamaño y belleza conmocionó mi corazón con un mayor afecto por nuestro glorioso e inmenso Dios. Mientras caminaba a través de ese santuario, me recordé de una historia que se supone ha sido contada por un arzobispo que una vez sirvió allí. Él Dijo que hace muchos años tres jóvenes impíos entraron en la gran catedral, sin ninguna intención de adorar Dios. De hecho, ellos se atrevieron a crear una confesión tan malvada que desconcertaría al sacerdote en el confesionario. Uno de ellos accedió a hacerlo. Entró en el confesionario, y habló sin parar su historia falsa al sacerdote que había analizado su argumento. Después de escuchar al joven, el sacerdote respondió: "Te doy esta penitencia. Ve a la nave central y arrodíllate ante el gran crucifijo y di tres veces: "Todo esto lo hiciste por mí, pero no me importa un comino".

Después de dejar el confesionario, el muchacho se fue fanfarroneando a sus amigos, informó la conversación, y luego procedió a marcharse. Pero sus amigos le recordaron que la broma no terminaba hasta que él llevara a cabo la penitencia prescrita por el sacerdote. El muchacho se dirigió por el pasillo central, se arrodilló, y miró el Cristo en la cruz gigante, y comenzó a decir esas palabras. "Todo esto lo hizo por mí, pero yo..." Eso es todo lo que pudo decir. Así que lo intentó por segunda vez. "Todo esto lo hiciste por mí pero yo..." Él no pudo hacerlo. Después de fracasar por tercera vez, el joven se fue en completo silencio con un corazón enormemente agobiado. ¿Cuándo el arzobispo de la catedral de Notre Dame terminó de contar esta historia, sorprendió a su audiencia al decirles : "Yo era ese joven."

La gracia barata ocurre cuando miramos la belleza de Dios en El sacrificio de Cristo y aún no hacemos ningún esfuerzo de disciplinar nuestras vidas para conocerlo. Cada vez que nos involucramos en las disciplinas espirituales, estamos diciendo que conocer a Dios importa, amar a Dios importa, y servir a Dios importa. En los dos capítulos siguientes veremos dos disciplinas espirituales que han sido las más celebradas a través de la historia de la iglesia - estudio de la Biblia y oración.

6

La Escritura Importa

AL FINALIZAR CADA CAMPAMENTO DE verano al que yo asistí en la escuela secundaria, nuestro pastor planteaba esta pregunta al grupo de jóvenes antes de que subiéramos al autobús: "¿Qué tentación o prueba tratará de hundirlos cuando lleguen a casa?" Estoy muy agradecido por su sabiduría en cómo nos preparó para ir de una semana de crecimiento espiritual a un año de desafío espiritual.

Aunque ninguno de nosotros se enfrenta a los mismos conflictos, la estrategia de batalla es siempre la misma - estar en comunión con Dios a través de Su Palabra. Cuando Pablo se reunió con los líderes de los Efesios para un tiempo final de adoración e instrucción, les advirtió de fuerzas hostiles que se levantarían contra ellos. Y los condujo a un aliado fiel que los alentaría en la hora de la prueba:

> Ahora los encomiendo a Dios y al mensaje de su gracia, mensaje que tiene poder para edificarlos. (Hechos 20:32)

Sin importar cuál fuera la dificultad, Pablo sabía que la Palabra de Dios daría la fuerza necesaria. Debido a la importancia de la Escritura en nuestra vida, no es de extrañar que seamos tentados a ignorarla. J. I. Packer dice,

> Si yo fuera el diablo, uno de mis primeros objetivos sería alejar a la gente del estudio de la Biblia. Sabiendo que es la Palabra de Dios, que enseña a los hombres a conocer, amar y servir al Dios de la Palabra, yo debería hacer todo lo posible... para evitar que la gente... use sus mentes en forma disciplinada para obtener la medida de su mensaje.[34]

Creo firmemente que el diablo es real y que utiliza tentaciones reales para apartarnos de un Dios real. Hay un esfuerzo concertado de las fuerzas espirituales para mantener a la gente apartada de la Biblia - porque ese libro es el medio principal a través del que Dios infunde verdad y poder en nuestras vidas. Cuando miramos en retrospectiva los años pasados, me pregunto cuántas oportunidades nos perdimos de recibir una palabra de la gracia de Dios. Esperando para fortalecernos, Él se sentaba junto a la cama, el sofá, o la mesa de la cocina. Pero el grito de la tecnología o de una larga lista de "Cosas por hacer" nos distraía cada vez. Tú no puedes conocer las profundidades del amor de Dios, ni experimentarás la plenitud de Su poder, sin un flujo continuo de su verdad en tu vida. Finalmente, su Palabra de gracia es lo único que puede edificarte.

Una vez que tú te determines a leer tu Biblia todos los días, te sorprenderás de cuán cerca las palabras de la Escritura se relacionan con lo que está ocurriendo en tu vida. Durante mi primer año de la universidad, empecé a leer la Biblia por primera vez en mi vida. Yo era tan ignorante de la Escritura que fui a la librería de Clemson y encontré unos pequeños resúmenes del Antiguo Testamento. Resúmenes como esos ya me habían ayudado con Shakespeare; sentí que me ofrecerían una gran ayuda en esto también. En un reciente viaje a mi alma máter, le mostré a mi hija la pared de roca, donde Dios comenzó a cambiar mi vida. Porque fue allí, entre mis clases de negocios, que leería mi Nuevo Testamento. Mi sistema de lectura no fue desarrollado por un ingeniero de la NASA. Si leí Juan 1 hoy, entonces leería Juan 2 al día siguiente. Y finalmente llegué a Apocalipsis 22 cuando completé el Nuevo Testamento.

Ese débil intento de comenzar a leer la Biblia produjo en mí una vida de encuentro con Dios cada día en la Escritura. Y al pasar de un capítulo a otro, Dios ha usado profundamente versos específicos para atender las profundas necesidades de mi vida. El 25 de septiembre de 1994, mi esposa nos conducía a Atlanta, donde yo sería sometido a una cirugía de seis horas para eliminar un tumor en mi cadera derecha. Me habían diagnosticado con condrosarcoma, una forma rara de cáncer en los cartílagos. Debido a que el cáncer se había fijado al hueso y el tejido de la pelvis, parte de esas áreas tendrían que ser removidas de mi cuerpo. Durante este intenso viaje, seguí leyendo mi Biblia con el mismo patrón que había establecido en la universidad - un capítulo tras otro. El día antes de la cirugía, mi tiempo de lectura me llevó a Salmo 51. Yo estaba en el asiento del pasajero mientras mi esposa manejaba varias horas al Hospital

Crawford Long de Atlanta. Puedes imaginar mi alegría cuando me encontré con este versículo:

> Anúnciame gozo y alegría; infunde gozo en estos huesos que has quebrantado. (Salmos 51:8)

Imagina eso; estoy a punto de someterme a una operación para eliminar un gran hueso de mi cuerpo y Dios me da un versículo sobre los huesos! Ese verso no me aseguraba que sería sanado por un milagro, o que el cáncer nunca volvería (lo hizo cinco años después). Pero me dijo que el Dios de este universo fue a Atlanta conmigo. Y que el Dios que creó mi cuerpo estaba poderosamente trabajando dentro de mi cuerpo.

Yo no soy un erudito brillante. Yo no tengo habilidades inusuales de liderazgo. A menudo me siento que nado en la piscina de niños en cuanto a la fe. Pero conozco a Dios. Yo sé lo que Él valora y lo que Él quiere. Sé por qué nací y qué pasará conmigo cuando muera. Yo sé que Dios me escucha cuando oro y me perdona cuando peco. Yo sé por qué existe el sufrimiento y que Dios lo usará para algo bueno. ¿Cómo sé todo esto? Porque la Biblia dice así:

> Toda la Escritura es inspirada por Dios y útil para enseñar, para reprender, para corregir, para instruir en justicia, a fin que el hombre de Dios sea totalmente preparado para toda buena obra. (2 Timoteo 3:16, 17)

A.W. Tozer dice con razón que "la Biblia es la expresión eterna de la mente de Dios." Toda la Escritura se ha originado del aliento de Dios y revela perfectamente los deseos de Dios. Ni una sola palabra en la Biblia guiará alguna vez a alguien a apartarse de la voluntad de Dios. Es por eso que es vital construir nuestra fe en un fundamento bíblico. La doctrina sólida nos previene de convertir a Dios en una deidad impotente que se inclina a nuestra agenda y aprueba nuestro comportamiento. El antiguo Israel insultó a Dios cuando intentaron redefinirlo. El Señor no fue sutil en su respuesta:

> "...acaso piensas que soy como tú. Pero ahora... voy a denunciarte. (Salmos 50:21)

En ningún otro momento en la historia Dios ha inspirado otro libro como lo hizo con la Biblia. Es la única Palabra de Dios. No importa si tú compraste una Biblia ayer o utilizas una que perteneció a tu bisabuelo, la Escritura siempre ofrece consejo perfecto en cada generación. Ese hecho puede no impresionarte hasta que tú intentas aplicar lo mismo a otros libros. ¿Te gustaría ser tratado por un cirujano que estuviera usando un texto de hace 150 años? Pero el consejo de la Biblia siempre es correcto porque fue escrito por alguien que es eternamente correcto. Es la colección más importante de palabras que alguna vez leerás.

Durante los 50 años que John Wesley sirvió al Señor (el cual eventualmente estableció la iglesia metodista en Inglaterra), viajó a caballo 250,000 millas (402.000 km.), predicó 40.000

veces, y escribió 400 libros y folletos. Su pasión por la Escritura es obvia:

> Soy un espíritu que viene de Dios y vuelvo a Dios... Quiero saber una cosa, el camino al cielo... Dios se ha dignado a enseñarme el camino... Él lo ha escrito en un libro. ¡Oh dame ese libro! ¡A cualquier precio, dame el libro de Dios!

Wesley no podía haberse referido a la Biblia con un título más dulce. Es el libro de Dios que contiene la verdad de Dios. Es cierto que la Escritura llegó al papel a través de manos humanas. Pero fluyendo en las mentes que movían esos dedos estaban solo los pensamientos de Dios. ¿De qué otra forma podrías explicar un libro unificado que cuenta una historia principal, a pesar de que fue escrito durante un período de 1.500 años, en tres continentes diferentes, en tres idiomas diferentes, por cuarenta hombres diferentes que a menudo no tenían ninguna relación entre ellos? La Biblia explica la razón de esta milagrosa unidad. Esos autores humanos fueron perfectamente guiados por el Espíritu Santo de Dios. Es por eso que más de 3.300 veces, vemos esta frase en la Escritura: "Así dice el Señor."

Los descubrimientos arqueológicos han validado muchos eventos y lugares mencionados en la Biblia. Del mismo modo, los que son expertos en la apologética también han producido argumentos hábiles para apoyar la afirmación que la Biblia es de inspiración divina. Pero nada nos hace creer en el origen divino de la Biblia como lo hace el gran efecto de las Escrituras sobre el lector:

> Ciertamente, la palabra de Dios es viva y poderosa, y más cortante que cualquier espada de dos filos. Penetra hasta lo más profundo del alma y del espíritu, hasta la médula de los huesos, y juzga los pensamientos y las intenciones del corazón. Ninguna cosa creada escapa a la vista de Dios. Todo está al descubierto, expuesto a los ojos de aquel a quien hemos de rendir cuentas. (Hebreos 4:12-13)

La Biblia habla y energiza

En el versículo 12, la palabra "viva" viene de la palabra griega "*zoe*" de la cual obtenemos la palabra "zoo" (como en zoológico), un lugar que está lleno de vida. Uno de los parques zoológicos más grandes del mundo se encuentra en San Diego, California. Establecido en 1916, se asienta en 100 acres de jardín tropical que ofrece un hogar a 4.000 animales. Tres millones de personas visitan cada año el lugar con un propósito principal - ver, oír, tocar, e incluso oler vida. Si quisieras ir a ver cosas que son antiguas, estáticas y extinguidas irías a un museo. Pero si tú quieres ver cosas que suben y se arrastran, nadan y se deslizan, caminan y vuelan, comen y respiran - cosas que viven - vas a un zoológico. Así que la primera cosa que el Espíritu quiere que entendamos acerca de la Escritura es que late con vida.

Obviamente, esto no quiere decir que una hermosa cubierta de cuero o el papel liviano utilizado en la producción de muchas Biblias tienen poder para dar vida. Si no que la Biblia es viva en el sentido que las palabras en las páginas fueron pronunciadas por la boca del Dios vivo. Por lo tanto, cada vez que abres las páginas de la Escritura - ya sea en la cocina, en la ladera de una montaña, o en una mesa en Starbucks, el Espíritu del Dios viviente - el AUTOR del libro - se sienta a tu lado y te habla a través de esas palabras. Ningún otro escritor hace visitas a domicilio a las personas que leen su obra. Pero el autor del libro más grande de la historia llega al lugar donde te encuentras cada vez que abres su Palabra.

Cuando la Biblia se describe como "activa, el escritor usa la palabra "*energes*" de la cual se deriva la palabra "energía". Por lo tanto, cada vez que se lee la Palabra de Dios con un alma humilde y hambrienta, suceden dos cosas. En primer lugar, el Espíritu de Dios viene y se sienta a tu lado mientras estás leyendo. Y luego si dices SÍ a lo que Él revela, el Espíritu Santo te imparte su energía, capacitándote para aplicar lo que has leído. No importa lo que tú necesitas para hacer la voluntad de Dios, cuando lees la Biblia en la presencia del Santo Espíritu, Él impartirá energía para que tú puedas caminar en obediencia y amor.

Uno de los grandes obstáculos para la lectura de las Escrituras es la creencia falsa que tú tienes que entender todo lo que lees. No es cierto. Tengo 52 años de edad. He estado predicando durante 30 años. Aún Sigo leyendo versos que son un misterio para mí. Incluso el discípulo Pedro expresó su incapacidad para comprender todo lo que Dios enseñó a través de los escritos de Pablo (2 Pedro3:15,16). Desearía que todas las Biblias vinieran con una etiqueta de advertencia que nos dijera que no nos preocupemos por aquellas cosas que no podemos entender ahora. Porque las cosas que te ayudarán a amar y obedecer a Dios serán muy claras. Dios siempre hablará a un corazón que verdaderamente quiere conocer Su corazón.

La clave para entender la Escritura está en una gran palabra bíblica - la meditación:

> ¡Oh, cuánto amo tu ley! Medito en ella todo el día. (Salmos 119:97)

El pastor puritano Thomas Watson dijo "La razón por la que se torna tan fría la lectura bíblica es porque nosotros no nos calentamos en el fuego de la meditación."[35] Mediante el uso de la palabra "meditación", no estoy sugiriendo que uses una pose favorita de yoga y hagas un tarareo mientras lees tu Biblia. La meditación simplemente requiere que disminuyamos la velocidad lo suficiente como para hacer algunas preguntas simples mientras leemos la Escritura.

¿Revela este texto:

una nueva verdad que debería creer acerca de Dios?

una bendición por la que debería agradecer a Dios ?

un cambio que necesito hacer en mi actitud?

un pecado que debería dejar?

dirección sobre una decisión?

una oportunidad de ministerio que debería considerar?

algo por lo que debería orar?[36]

La diferencia entre la lectura de la Biblia sólo para marcarla de la lista – versus a meditar en ella con el fin de encontrar a Dios - es como la diferencia entre tomar una ducha larga y limpiar tu cuerpo rápidamente con un desinfectante de manos. En ambos casos se puede decir que te bañaste, pero cualquier persona que esté cerca de ti será capaz de notar la diferencia. La meditación nos ayuda a desacelerarnos mientras Dios nos lava con su verdad.

Hacer las preguntas proporcionadas puede parecer un poco mecánico al principio, pero pronto se convertirá en algo natural. Hay algo que en el mundo del deporte se llama "memoria muscular". Ocurre cuando una parte del cerebro es entrenado para recordar qué movimientos corporales le permitirán realizar el movimiento atlético más eficiente. Un jugador de golf puede sentirse incómodo a medida que piensa en cambios en su tiro. Un jugador de béisbol puede sentirse incómodo con su nueva postura en la base. Pero con el tiempo el cuerpo del atleta aprenderá a hacer lo correcto sin pensar en ello. Eso es lo que sucede con el paso del tiempo, a medida que aprendes a meditar en la Palabra de Dios. Inicialmente se siente "No espiritual" hacer una lista de preguntas acerca de un pasaje. Pero muy pronto durante el proceso, tú ya no necesitarás esas preguntas porque tu corazón se entrenó para escuchar a Dios cada vez que abres su libro.

La Biblia extirpa y sana

¿De qué manera la Palabra de Dios produce vida? Una forma es destruyendo las células malignas dentro de nosotros que nos quitan la vida. Con el fin de eliminar las partes enfermas, la Escritura nos tiene que cortar. Pero esta herida de la espada de Dios es misericordiosamente exacta. Un soldado romano podía usar su espada contra cualquier parte vulnerable de su oponente. No es así con la Biblia. La Escritura no nos hiere de manera indiscriminada. Dios nos corta precisamente en el punto en el que estamos luchando para obedecer. Él sólo trata los temas que son particulares en nuestra relación con él.

Cuando leemos que la Biblia puede penetrar entre el espíritu de alguien y su alma - o entre sus articulaciones y medula ósea - es una referencia a la habilidad de las Escrituras para identificar un problema que puede estar escondido a todos los demás - incluso a nosotros mismos. La Palabra de Dios se trasladará al rincón más recóndito del corazón para enfrentar el problema final. Incluso si es enterrado bajo años de negación, Dios lo descubrirá para que nosotros podamos lidiar con esto y darle fin. Los potenciales descubrimientos son ilimitados:

arrogancia, orgullo, envidia,
miedo, duda, amargura,
lujuria, codicia , ira,
culpa, arrepentimiento, evasión,
autosuficiencia, justicia propia,
egocentrismo,
incredulidad, falta de honradez,
hablar sucio o con calumnias,
racismo, apatía, cobardía,
una actitud perezosa hacia el conocimiento de Dios,
una actitud letárgica hacia el servicio a Dios.

Lo que sea que se vuelva un obstáculo de la vida que Dios quiere que tengas, Su Palabra lo encontrará y lo revelará. Esta realidad condujo a Martin Lutero a decir: "La Biblia está viva, ella me habla, tiene pies, ella me persigue, tiene manos, se apodera de mí."

El aspecto más reconfortante de la obra de la Biblia en nuestras vidas es que tan pronto como comienza a cortar, comienza a sanar. Una vez le pregunté a un cirujano cómo es capaz de cortar a través de tantos vasos sanguíneos sin causar que sus pacientes mueran desangrados. Él me dijo que cuando él está trabajando en una región altamente vascular, utiliza un cuchillo llamado cauterio. Tiene un entorno que permite el corte y coagulación al mismo tiempo. A medida que la cuchilla corta a través de los vasos sanguíneos, un elemento de cauterización une los vasos sanguíneos de nuevo. Él usa un cuchillo que sana a medida que corta - un cuchillo que da vida.

Eso es exactamente lo que hace la Palabra de Dios. Te corta para poder curarte. Y hasta que no dejes que te corte, nunca podrá sanarte. Un gran número de personas se han alejado de Iglesia simplemente porque la Palabra de Dios les cortó y ofendió. Si hubieran dejado que Dios terminara su obra en sus vidas, hubieran descubierto que Él nos corta sólo para sanarnos. Pero justo en ese momento cuando Dios estaba listo para la cirugía, salieron de la sala de operaciones, rechazando un procedimiento para salvar vidas. ¿Eres enseñable? ¿Estás dispuesto a que Dios te corte para que Él pueda sanarte?

La Biblia tiene la primera y última palabra

La Biblia dice en Hebreos 4:13 que todos vamos a dar cuenta a Dios. Este es un recordatorio aleccionador de que podemos tratar con Dios ahora, o podemos tratar con él más tarde. Pero Él que dijo la primera palabra tendrá la última palabra. Tengo un amigo cuyo hermano es un policía que patrulla en la carretera. En una ocasión, perseguía un auto a gran velocidad, cuyo conductor imprudente creó una situación donde era muy peligroso continuar la búsqueda. Cuando le preguntamos al patrullero si le molestaba que él no lo haya podido atrapar, él dijo: "Oh, no se preocupe. Él puede correr más rápido que mi auto. Pero él nunca puede aventajar mi radio".

Esta es la esencia del versículo 13. No importa lo lejos que nos encontremos ni cuánto tiempo nos quedemos, al final, todos vamos a tener una conversación con Dios. Es un recordatorio aleccionador a todo el mundo que Dios no va a dejar de ser Dios. Él no deja de hablar, cuando el mundo deja de escuchar. A pesar de las protestas del mundo, Él no va a renunciar como el Juez de la historia. Pero antes de que llegue el gran día del juicio, Él seguirá tocando con Su dedo nuestros corazones para que podamos ser persuadidos a creerle y volvernos a Él. Debido a su gran amor, Él quiere arreglar esto fuera de los tribunales para que no seamos declarados culpables en el día del juicio. Si la Palabra de Dios te ha hablado, entonces te insto a recibir su oferta. Admite tu pecado y transfiérelo a la cruz de Jesucristo. Cambia la totalidad de tu pecado no perdonado por la bondad perfecta de Jesucristo.

Entonces, ¿cuál es el punto de este capítulo? Pedirte que dediques una parte de tu día a leer la Biblia. Es imposible perseguir lo que importa hasta que tú sepas lo que le importa a Dios. Es por eso que Él nos dio Su Palabra. Dios desea plantar una ambición santa en tu corazón. Pero esa llama se enciende sólo cuando uno lee la Biblia con un deseo sincero de encontrar a Dios. Este enfoque puro a la lectura de la Biblia se puede ver en una carta escrita en 1936 por Dietrich Bonhoeffer a su cuñado teológicamente liberal;

> Creo que únicamente la Biblia es la respuesta a todas nuestras preguntas, y que sólo necesitamos pedir repetidamente y con un poco de humildad, para recibir esta respuesta. Uno no puede limitarse a leer la Biblia, al igual que otros libros. Uno debe estar preparado realmente para escudriñarla... Sólo si lo

buscamos nos responderá... Si soy yo el que determina dónde se encuentra Dios, entonces siempre encontraré un Dios que me corresponda de alguna manera, que está obligado... Pero si Dios determina dónde ha de ser encontrado, entonces será en un lugar que no es agradable inmediatamente a mi naturaleza... Este lugar es la Cruz de Cristo. Y cualquiera que lo encontrara debe ir al pie de la cruz... Y me gustaría decirle ahora muy personalmente: desde que he aprendido a leer la Biblia de esta manera... se vuelve cada día más maravillosa para mí.... Yo sé que sin ella no podría vivir correctamente por más tiempo.[37]

7

La Oración Importa

YELISAVYETA KRUKOVA TIENE 84 AÑOS. Ella es miembro de la Iglesia Bautista en Novokuznetsk - una ciudad de 500.000 personas en el sur de Siberia. Su papel principal consiste en organizar las reuniones de oración durante la noche que se realizan todos los miércoles y viernes. Si algo te impide orar en el intervalo de tiempo que te hayas registrado, la hermana Krukova insiste en que encuentres a alguien para ocupar tu lugar. El tiempo de oración no puede ser interrumpido. Ella se dedica a la oración, porque ha visto que la sostiene cuando las respuestas terrenales son inadecuadas.

Durante la Revolución Rusa que comenzó en 1917, ella dice, "Mi familia dependía de la oración para nuestra propia existencia."[38] Ellos se trasladaron a Siberia occidental en 1912. Finalmente, sus padres tendrían diez hijos. Cinco morirían antes de llegar a ser adultos. Desde el momento en que llegaron a la ciudad, su padre compartió el evangelio a todo el que lo escuchara. Como resultado de su testimonio, fue encarcelado dos veces durante su infancia (una vez por seis meses y otra por un año). En ambas ocasiones, cuando fue puesto en libertad, comenzó a predicar inmediatamente.

En 1938, fue detenido por tercera vez, lo cual lo llevó a una sentencia de 10 años en prisión. Su testimonio fue tan fuerte en la cárcel como lo fue en la ciudad. Y porque no dejaba de predicar tras las rejas, fue herido fatalmente en 1944. Krukova dice que su vida fue difícil durante este tiempo. Sin embargo, su familia e iglesia nunca dejaron de clamar a Dios. Dios no quitó su dolor, pero los sostuvo a través de éste. Finalmente ella se enamoró y se casó con un hombre que ahora es el padre de sus diez hijos. Hoy tienen 57 nietos y 30 bisnietos. Y su fuente de fortaleza sigue siendo la misma; "dependemos de la oración para nuestra propia existencia."

¿Sabes por qué oramos mal en el occidente? Porque reemplazamos la palabra "oración" con un enjambre de otras respuestas.

Dependo de ___________ para mi propia existencia.

Dependo de _____________ para mi éxito.

Dependo de _____________ para mi felicidad.

Cuando pensamos en prosperar en este mundo, un gran número de cosas vienen a la mente antes que la oración. Y para muchos, la palabra "oración" nunca viene a la mente. Escribimos nuestras metas. Miramos nuestros recursos y llegamos a la conclusión que podemos hacerlo sin la oración.

Eso es lo que estamos diciendo cuando no oramos - "dependo de mí para mi propia existencia."

¿Sabes quién dependía de la oración para todas las situaciones que enfrentó? Jesucristo. Cada acontecimiento importante en su vida vino después de un período de oración. Fue después de que Él oró por 40 días en el desierto, que enfrentó las tentaciones masivas del diablo. Fue después de que pasó una noche en oración que Él eligió a los doce discípulos sobre cuya predicación construiría la iglesia. Y por supuesto no podemos olvidar nunca la agonía de su última noche en la tierra. Al día siguiente, él sufriría tortura física inconmensurable - seguido por la horrible transferencia de los pecados del mundo a su alma, por lo cual el soportaría la ira de Dios. Y en preparación para el mayor juicio que jamás alguien ha enfrentado, Él pasó la noche en oración.

Al leer los evangelios, encontraras a Cristo orando en 15 ocasiones diferentes en sus tres años de ministerio. Seguramente Él oró más que eso, pero estas imágenes se han conservado para que podamos aprender cómo el hijo de Dios constantemente dependía de la oración. Cada decisión, cada oportunidad, cada necesidad, cada prueba - Cristo siempre respondía orando. No es de extrañar entonces que Jesús dijo a sus discípulos: "que debían orar siempre, sin desanimarse" (Lucas 18:1). S.D. Gordon dice:

> "La cosa más grande que cualquiera puede hacer para Dios y para el hombre es orar. No es lo único. Pero es lo principal... Tú puedes hacer más que orar

después que hayas orado. Pero no puedes hacer más que orar hasta que hayas orado."[39]

La prioridad de la oración es el tema de la breve exhortación de Pablo a la iglesia de Colosas: "Dedíquense a la oración: perseveren en ella con agradecimiento" (Colosenses 4:2). Ser devoto a algo es estar plenamente atento y completamente comprometido. Todos nosotros conocemos a personas que son totalmente devotos a una cosa específica. Estas personas se destacan. Cada vez que se dicen sus nombres, inmediatamente piensas en la única cosa por la que son conocidos. Si menciono el nombre de Roger Federer, tú piensas inmediatamente en una estrella de tenis suizo de 30 años de edad, con un talento asombroso. Cuándo él no está ganando uno de sus 15 títulos de Grand Slam, entrena dos horas al día, además de su entrenamiento en la cancha. Se describe a sí mismo como alguien que está 200 por ciento en forma. Con respecto al tenis, tiene una devoción total, está totalmente atento y totalmente comprometido.

Así que cuando la Biblia dice: "Perseverad en la oración" con devoción, significa que hemos de estar plenamente comprometidos en la oración. Deja que sea tu objetivo principal - la única cosa en que te apoyes primariamente. Cuando enfrentas desafíos o celebraciones, debe ser tu primera respuesta. No importa cuán ocupado esté tu horario diario, encuentras tiempo para comer. ¿Por qué? Porque tu cuerpo dice que necesita comida. Esa es la forma en que la persona dependiente de Dios considera la oración. "No importa lo ocupado que estoy, tengo que orar. Yo no tengo que hacer esto o aquello, pero tengo que orar". Las personas que se dedican a la oración no tienen más tiempo extra que el resto de nosotros. Pero encuentran ese tiempo tomándolo de alguna otra cosa. Eso es lo que significa estar dedicado a la oración. Ellos sacrifican una cosa importante para algo que es más importante.

Tú nunca estarás totalmente dedicado a la oración hasta que confíes en Dios más que en cualquier recurso en este mundo – incluyendo tu propia habilidad. Imagina por un momento que estás conduciendo a una reunión en la que vas a hacer una gran presentación. Alrededor de una media milla o un kilómetro de tu destino te quedas sin combustible. No puedes caminar allí porque todos los materiales que necesitas están embalados en el auto. Así que decides empujar el auto el resto del camino.

A pocos minutos en tu viaje, ves una gasolinera a tres cuadras por una calle lateral. Tú consideras caminar allí para comprar un galón de combustible, pero luego te convences que esto va a tomar mucho tiempo. Así que continúas empujando tu auto. Pero al hacerlo llegas a tu reunión mucho más tarde que si te hubieras tomado el tiempo para obtener el combustible.

Tengo la sensación de que mucha gente que lee este libro empuja mucho más de lo que ora. Tú sabes que necesitas ayuda, pero te convences que no tienes tiempo para orar. En lugar de orar por tu trabajo, tú empujas. En vez de orar por tu esposo, tú empujas. Y si Dios estuviera caminando a tu lado y te preguntara si deseas un poco de ayuda, tú básicamente responderías: "Señor, no tengo tiempo para hablar ahora. Tengo que hacer esto".

Dudo que esto califique como un antiguo proverbio Chino, pero voy a presentarlo para consideración futura: "Si el ladrillo de la pared no se ha caído al tú golpearlo con la cabeza, probablemente no se caerá por golpearlo con tu cabeza más fuertemente." Todos nos enfrentamos a la misma elección – incluir a Dios en todo aspecto de nuestras vidas por medio de la oración, o recurrir a más histeria y preocupación. Para repetir una declaración anterior, tú nunca estarás plenamente dedicado a la oración hasta que confíes en Dios más que en cualquier recurso en este mundo. Sólo entonces caerás a los pies de Jesús, agarrado de la túnica del Mesías, y clamarás: "Sálvame a mí. Salva a mi mundo."

Si alguien te pidiera definir la oración, ¿cómo responderías? La siguiente definición no es exhaustiva, pero espero que traiga claridad a nuestra discusión:

> La oración es una conversación en la que profundizas tu relación con Dios mediante la expresión de tu corazón a través de palabras.

La oración tiene que ver con relación. Las relaciones crecen a través de palabras. La oración es el medio por el cual experimentas el amor y el poder de Dios a través de palabras. Escucha cómo este escritor bíblico lo dice:

> ...manténganse en el amor de Dios, edificándose sobre la base de su santísima fe y orando en el Espíritu Santo. (Judas 1:20-21)

Es importante tener en cuenta que el único verbo (usado como verbo) en la frase se encuentra al final- *manteneos (o manténganse) en el amor de Dios*. Así que el verbo "mantener" nos dice qué hacer. Los dos participios (edificando, orando) nos dicen cómo hacerlo. Nos mantenemos en el amor de Dios, mediante la *edificación* de *nuestra fe* (a través de la Escritura) y *orando en el Espíritu Santo*.

Vale la pena dedicar tiempo a eliminar cualquier confusión con respecto a la frase, "manteneos en el amor de Dios." Algunas personas han llegado a la conclusión alarmante de que tú tienes que orar y leer la Biblia para que Dios te siga amando. Más esto no es lo que Judas quiere decir. Sabemos esto debido a las palabras muy familiares que sirven como la conclusión de este libro.

> ¡Al único Dios, nuestro Salvador, que puede guardarlos para que no caigan, y establecerlos sin tacha y con gran alegría ante su gloriosa presencia, sea la Gloria. (Judas 1:24-25)

¡Qué promesa! Dios mantendrá a sus hijos en la carrera hasta el final. Sin duda vamos a tropezar en el camino – e incluso tal vez cojear o arrastrarnos a través de la línea de meta - pero llegaremos al cielo. ¿Por qué? porque Dios nos sostendrá.

Pero Judas quiere que entendamos que la manera en que Dios nos sostiene hasta el final es por mantenernos amándolo durante nuestro andar. *Y el medio por el cual Dios nos mantiene amándole* es a través de la oración. Así que para hacer esto lo más conciso posible, podemos decir que:

Dios nos guarda de alejarnos de él conforme nos mantiene amándolo - orando. [40]

Es realmente sorprendente que el Creador del universo nos invita a que hablemos con él. Dios es tan sabio y fuerte, sin embargo, Él se deleita en escuchar palabras simples habladas desde un corazón humilde. No importa lo desconocido que seas en la tierra, o cuan débil te sientas en este mundo, Dios te ama tanto que Él te invita a venir a su presencia y compartir tu corazón con Él a través de palabras. El Dios de la historia, el Creador de las estrellas, te invita a que hables con él en cualquier momento sobre cualquier cosa. Los siguientes versos destacan esta gran invitación:

> Así que acerquémonos confiadamente al trono de la gracia para recibir misericordia y hallar la gracia que nos ayude en el momento que más la necesitemos. (Hebreos 4:16)

Cuando tú piensas en un trono, normalmente piensas en un rey. Y cuando piensas en un rey, la última cosa que se viene a la mente es una invitación para ir a verlo. Hace varios años, cuando yo estaba visitando Washington DC, caminé por las puertas de la Casa Blanca y vi un vehículo del servicio secreto cerca de la entrada. Cuando levanté mi cámara para tomar una foto, uno de los agentes me miró y me gritó muy fuerte que guardara mi cámara y que me apartara. Sentí ganas de responderle gritando, "Pero, el presidente Bush me dio la mano en el restaurante Beacon cuando estaba en campaña en Spartanburg!" Dudo que esto hubiera ayudado mucho.

Pero cuando la Biblia habla del rey del universo, describe su trono como uno de gracia - que implica invitación, acceso y aceptación. Me encanta la forma en que Dios se describe en este verso. Su nombre ni siquiera se menciona. En lugar de ello, el texto describe una pieza principal de los muebles en Su oficina - un trono de gracia. Es como si el escritor quisiera que entraras en la sala del trono del cielo y vieras el trono de Dios rodeado de santidad, sabiduría, poder y juicio. Pero allí sentada en el mismo trono, está la gracia.

> Tú vienes a un rey, así que ven con respeto y sumisión. Pero vienes a un rey cuyo trono es de gracia, así que ven con confianza.
>
> Trae todos tus defectos y ven con confianza.
> Trae todos tus fracasos y ven con confianza.
> Trae la fe que sufre y ven con confianza.
> Trae palabras simples y ven con confianza.
> Trae todas las necesidades y ven con confianza.

Pero no me malinterpretes; la oración no es sólo acerca de tus necesidades. Se trata de las necesidades del mundo. En Su plan para la humanidad, Dios ha escogido usar la oración como una forma primaria de distribuir sus bendiciones en la tierra. La Biblia está llena de personas que cambiaron su mundo a través de la oración. Ejércitos fueron derrotados, ciudades se salvaron, y corazones fueron cambiados - todo porque alguien eligió orar. El líder de misiones, John DeVries dice:

> La oración es el vínculo entre un Dios sobrenatural, todopoderoso y el mundo material. Es a través del canal de la oración que Dios gobierna a través de nosotros.[41]

Me encantan las imágenes de esa declaración. Contiene dos palabras claves que determinarán tu compromiso con la oración – vínculo y gobierno. Vivimos en una tierra material con necesidades materiales. La oración nos conecta o vincula con un ser sobrenatural que posee todos los recursos para satisfacer esas necesidades. Vivimos en un mundo caído donde el pecado reina en los corazones de muchos. La oración nos conecta al gobierno poderoso de Dios que rompe las ataduras de Satanás y deja libre a los cautivos.

Tu cosmovisión va a determinar todo sobre la forma en que oras. Tú ves la tierra, ya sea como un parque o un campo de batalla. Si tú piensas que es un parque, entonces la oración será irrelevante para ti. Realmente nada te alarmará. Pero si crees que es un campo de batalla, entonces estarás muy preocupado que las fuerzas espirituales trabajan poderosamente "para matar, robar y destruir" (Juan 10:10).

En el siglo VIII AC, la oscuridad espiritual envolvió a la nación de Israel. A través de la dirección corrupta de un rey malvado, verdaderos maestros habían sido reemplazados por profetas mentirosos que servían a un dios hecho por el hombre llamado Baal. Con el fin de despertar a la nación,

Dios envió a un hombre llamado Elías para enfrentar a los 850 falsos profetas. Él los llamó para encontrarse en el monte Carmelo. Los falsos profetas prepararían un altar a Baal. El profeta fiel prepararía un altar para el Señor. Elías explicó cómo se determinaría el ganador;

> ¡El que responda con fuego, ése es el Dios verdadero! (1 Reyes 18:24)

Después de que los profetas de Baal no lograron provocar una respuesta de su ausente deidad, era turno que Elías orara:

> ¡Respóndeme, Señor, respóndeme, para que esta gente reconozca que tú, Señor, eres Dios, y que estás convirtiendo a ti su corazón! (1 Reyes 18:37)

Si quieres una prueba de fuego con respecto a dónde te encuentras espiritualmente, evalúa tus oraciones por esa oración. Elías quería que dos cosas vinieran de su acción. Que Dios hiciera conocer la grandeza de Su nombre. Y que ese pueblo idólatra se convirtiera de sus pecados - y honraran al Dios vivo y verdadero. Su oración no fue larga, pero fue bastante efectiva;

> En ese momento cayó el fuego del Señor y quemó el holocausto, la leña, las piedras y el suelo, y hasta lamió el agua de la zanja. (1 Reyes 18:38)

El fuego fue tan poderoso que no sólo quemó el sacrificio, sino también el agua, piedras, y la tierra asociada con el altar. Pero lo más importante es que se obtuvo el resultado por lo que Elías oró:

> Cuando todo el pueblo vio esto, se postraron y clamaron: "El Señor - él es Dios! El Señor - él es Dios"! (1 Reyes 18:39)

¿Dónde está el Dios de Elías? Está esperando a Elías para que lo invoque. Quiero invocar a Dios con ese tipo de pasión. Quiero hacer oraciones como las de Elías. Quiero orar con tal seriedad que Dios responda a mis palabras expulsando la maldad. Hace años Karl Barth dijo: "Estrechar las manos en oración es el comienzo de un levantamiento contra el desorden del mundo".

La oración es una declaración de guerra. No en contra de alguien, sino en contra de todo mal. Oramos porque odiamos la presencia del mal en nuestra tierra y en nuestra vida. Estamos enfurecidos por las estrategias demoníacas; detestamos fortalezas demoníacas. Y a través de la oración lanzamos un ataque tras otro contra el reino de oscuridad. Oramos por la renovación de la iglesia y la transformación del mundo. Pedimos la liberación de aquellos a quienes Satanás ha capturado y está llevando a la destrucción. Como dice Richard Foster, "Clamamos con Abraham por el destino de la ciudad. Clamamos con Moisés por el destino de la personas. Clamamos con Esther por el destino de la nación."[42]

A través de la oración, intercedemos por el caso de los huérfanos y las viudas y todos los que comparten su estado indefenso. A través de la oración clamamos por aquellas vidas heridas y quebrantadas que no se defienden por sí mismas. Los levantamos y les llevamos al trono de Dios. El mundo nos dirá que estamos perdiendo nuestro tiempo - Que nuestras acciones son irrelevantes para la vida real. Pero no dejaremos que se apague nuestra llama. Somos alentados por las palabras de Helmut Thielicke que nos recuerda que “el mundo vive gracias a estas manos levantadas, y gracias a nada más.”

La verdadera oración se rehúsa a dejar de pedir a Dios que revele Su gloria en este planeta. Si la respuesta no viene hoy, llamará a Su puerta mañana. Diariamente le pedimos al Espíritu que abra los ojos que están cegados al infinito valor de Dios. Por encima de todas las cosas, el corazón que ora quiere ver el avance del evangelio en nuevos hogares, nuevas tierras y nuevas tribus - para que nuevas personas tengan una nueva paz, un nuevo poder, una nueva esperanza y un nuevo futuro.

El Riesgo Importa

ESCRIBIENDO CON SU INGENIO TÍPICO y sabiduría, el autor John Ortberg escribe,

> El objeto más peligroso en muchas casas es un sillón llamado, en EEUU, una "silla fácil" (lo llaman EZ porque el uso de sólo dos letras toma menos esfuerzo); es una trampa mortal con un respaldo reclinable, totalmente amortiguado, y con reposo para pies. No compramos estos sillones por su belleza. Y no se llaman "Sillas de desafío" o "Sillas de aventura. "Son EZ (porque EZ es abreviación de "easy" o "fácil" en inglés -silla fácil), y nosotros los compramos por una razón: Comodidad.[43]

Nuestra carne anhela comodidad. Por lo tanto, resiste cualquier cosa que perturba la comodidad. Pero lo que tu carne no sabe es que la vida más satisfactoria e influyente pertenece a aquellos que se arriesgan por Dios. El apóstol Pablo entendió claramente esto, como lo demuestran sus palabras al liderazgo de la iglesia de Éfeso:

> Y ahora tengan en cuenta que voy a Jerusalén obligado por el Espíritu, sin saber lo que allí me espera. (Hechos 20:22)

Pablo había ministrado en Éfeso en dos ocasiones por un total de tres años. Con una población cercana a 250.000 personas, era la tercera ciudad más grande del Imperio Romano. Tuvo una influencia significativa. El evangelio ya había comenzado a hacer un fuerte impacto allí. Pablo sabía que la iglesia enfrentaría diversas amenazas en los siguientes días (su ministerio más reciente había causado un alboroto en toda la ciudad). Sin duda, Dios estaba trabajando y, por tanto, Pablo deseaba animar al liderazgo de la iglesia de Éfeso a ser fieles – sin importar qué.

Sería difícil encontrar una escena más bella entre un misionero y una iglesia como la que tuvo lugar en esa reunión. Había recuerdos, instrucciones, advertencias, y lágrimas. Debido a que su presencia en Jerusalén incitaría protestas, su visita a estos creyentes era un triste adiós. A pesar de sus ruegos para que no se fuera, Pablo dijo que él estaba dispuesto a arriesgarlo todo con el fin de terminar la tarea de testificar de la gracia de Dios.

Imagina que tú eres un corresponsal de un canal de noticias local. Tu tarea ese día es entrevistar al envejecido apóstol Pablo. Casi todas las encuestas muestran que él es bastante impopular. A los sesenta años de edad se ve muy desgastado. Has oído que él es un buen escritor, pero su manera de hablar es común y corriente. Cuando al fin lo encuentras, te enteras que una multitud enojada lo echó de la ciudad anterior. Y ahora él se embarcaba en una caminata de treinta kilómetros donde anunciaría un mensaje contracultural en la ciudad capital de Jerusalén. Y en ese camino polvoriento, con el calor del día, Tú le preguntas si aún cree que esto vale la pena. Escuchas su respuesta: "¡Me estás tomando el pelo! ¿Sabes tú la alegría que Cristo ha traído a mi vida? Y cómo Él me equipó para compartir esa esperanza con otros? No importa cuál sea el riesgo; inscríbeme. Lo creo totalmente! Solo déjame dar a conocer la gracia de Dios a tantas personas como sea posible."

Cuando hablamos de riesgo, básicamente estamos hablando de cualquier acción que aumenta la incertidumbre y por lo tanto disminuye la comodidad. El riesgo tiene una influencia increíble en el cuerpo. Cada vez que nuestro cerebro detecta que estamos en una situación de riesgo, todo tipo de cosas comienzan a suceder en nuestro cuerpo. La presión arterial se eleva. La respiración y la frecuencia cardíaca aumentan. Las pupilas se dilatan. La glándula pituitaria libera adrenalina. Las reservas de glucosa fluyen a los músculos. El mensaje de nuestro cuerpo en ese momento es simple, "Lo que sea que estés haciendo, detente!"

Cada uno de nosotros tiene una capacidad diferente para tolerar el riesgo. Pero la cosa que todos tenemos en común es la necesidad de lidiar con el riesgo. El riesgo de conducir 100 millas (160 km) en la autopista puede ser inferior a las 2,5 millas (4 km) del circuito de carrera de Indianápolis, pero ambas implican riesgos. Debido a que ninguno de nosotros tiene conocimiento perfecto del futuro, no podemos dar un paso al futuro sin un cierto riesgo. Finalmente, la única manera para evitar el riesgo es hacer algo en lo que tengas completo conocimiento de los resultados. Buena suerte con eso!

Así que el asunto en la vida no es preguntar "*¿te arriesgarás?*". No, la pregunta más apremiante es: "¿Has encontrado alguna cosa por la que voluntariamente arriesgarías todo?" Yo no estoy hablando de ir en balsa o hacer "rafting" por el río Zambeze en África o un salto base por un acantilado en Nueva Zelanda. Aunque valientes, finalmente estas acciones no son heroicas. Porque un verdadero héroe es alguien que se pone a sí mismo en riesgo para el beneficio de otros.

El 14 de octubre de 2012, Felix Baumgartner ascendió a una altitud de 128.100 pies (39 mil mts.) en un globo de helio de 55 pisos. Eso fue el record número uno. El record número dos ocurrió cuando él saltó de una altura de 24 millas (40 Km.) en caída libre por cuatro minutos a 833 mph (1.340 kph), convirtiéndose así en el primer paracaidista en alcanzar velocidad supersónica. [44] Si deseas saltar a la tierra desde la estratósfera, ¡vamos, adelante! Sin duda, sería un riesgo - pero no uno noble. Porque un riesgo como ese no beneficia a otros, sino simplemente provoca una emoción psicológica.

Nada en la Escritura afirma riesgos audaces solo por la emoción de la adrenalina. El diablo tentó a Jesús a saltar de una montaña y dejar que los ángeles lo atraparan en el aire. Jesús respondió diciendo "no tentarás al Señor tu Dios" (Mateo 4:7). Así que cuando hablamos de tomar riesgos que son honorables, nos estamos refiriendo a aquellos riesgos que bendicen a las personas que Dios está tratando de alcanzar. Y esos riesgos siempre son beneficiosos.

El riesgo nos atrae hacia Dios

Dios nos ha diseñado para experimentar de él a través del riesgo. Por lo tanto, es imposible experimentar de él apartados del riesgo. Una persona que no sigue a Dios en una vida de de riesgo nunca estará totalmente viva porque nunca experimentará totalmente a Dios. Este es el significado central del siguiente verso:

> En realidad, sin fe es imposible agradar a Dios, ya que cualquiera que se acerca a Dios tiene que creer que él existe y que recompensa a quienes lo buscan. (Hebreos 11:6)

El resto de ese capítulo es la historia de todos los grandes tomadores de riesgo de la Biblia. Dios dijo a Noé: "comienza a construir un barco en el desierto y espera 120 años que venga una inundación. "Dios dijo a Abraham:" Haz tus maletas y lleva a tu familia a una tierra que yo te mostraré. "¿Qué tipo de dirección es esa? Todo el mundo que experimentó a Dios en Hebreos 11 aceptó una misión que implicaba un gran riesgo. La palabra *"Fe"* está tan estrechamente conectada con el riesgo que es justo repetir este versículo así: "sin riesgos es imposible agradar a Dios." Dios recompensa a los que toman riesgos.

A todo cristiano le encantaría ser enumerado aquí en el Salón Espiritual de la Fama de Hebreos 11. A todos nos gustaría hacer grandes cosas para Dios. Y lo haríamos - si Él nos garantizara el resultado de todos los riesgos que tomamos para él. Lo siento, pero ese tipo de riesgo viola todo el sentido de fe. El riesgo implica un futuro desconocido. La fe es confiar en Dios para ese futuro. Dios se complace con aquellos que confían en él para un futuro que no ha sido aún revelado. Como dice John Piper, "Tú no tienes que ser una gran persona importante para hacer cosas extraordinaria para Dios. Pero tú tienes que tomar riesgos".

Hablando de gente pequeña que hicieron cosas extraordinarias, escucha la confesión completamente transparente de Pablo a la iglesia en Corinto mientras reflexionaba en su primera visita a ellos;

> Es más, me presenté ante ustedes con tanta debilidad que temblaba de miedo. (1 Corintios 2:3)

La ciudad de Corinto era una enorme piscina de impureza moral, oscuridad religiosa, y el poder mundano. Cuando Pablo pensaba en predicar allí, su alma, literalmente temblaba. ¿Cómo venció él su miedo de predicar en Corinto? Predicando en Corinto. El único antídoto contra el miedo es el riesgo. Lo sabrás cuando vayas; hasta que tú no vayas lo único que conocerás es el miedo.

Mi familia me encuentra hablando conmigo mismo muy a menudo en la casa. Yo desearía poder demostrar que este comportamiento era una indicación de brillantez, pero no puedo. Sólo disfruto de hablar con quien esté en casa dentro de mi cabeza. En realidad, todos hablamos bastante con nosotros mismos - sobre todo cuando Dios nos invita a un riesgo. Decimos cosas a nosotros mismos como:

Tengo miedo.
No puedo manejar esto.
Me siento inadecuado.
Yo no sé lo suficiente.
He fallado demasiado.

Si vas a pasar el resto de tu vida hablando contigo mismo, Por favor, incluirías una declaración más en esa lista; "Todo lo puedo en Cristo que me fortalece" (Filipenses4:13).

Cada vez que atraviesas una crisis de incertidumbre, experimentarás a Dios más profundamente a medida que ajustas tu vida a Su agenda y aceptas Su invitación al riesgo. *Resultados radicales demandan un riesgo radical.*

Una de las grandes alegrías de nuestra iglesia involucra una asociación con un talentoso plantador de iglesias en el sur de la India. Durante los últimos quince años, el Señor ha utilizado a Ephrata a plantar cien iglesias en los pueblos y barrios que se extienden tan lejos como 200 millas de la ciudad. Las amenazas, vandalismo y persecución física son comunes para los que sirven en este ministerio.

En marzo de 2009, una mujer hindú escuchó el evangelio y recibió la gracia de Jesucristo. Al escuchar la noticia de su salvación, su marido amenazó con empaparla con gasolina y prenderle fuego si ella se bautizaba. Pero tanto ella como Ephrata sintieron que era la voluntad de Dios proceder con la celebración del bautismo a cualquier precio. La noche antes que el servicio se realizara, Ephrata oyó que llamaban a su puerta. Él describió esta reunión en la medianoche más tarde en su diario así:

> Fui a la puerta y vi al marido de la mujer a través del ocular. Esperé unos minutos mientras tocaba el timbre de forma continua. Entonces me armé de valor y abrí la puerta. Entró y se sentó y se quedó callado por un largo rato. Le ofrecí café y algo de comer. Él aceptó y comenzó a hablar. Me dijo: ' No me opongo a que mi esposa sea bautizada. Sigue adelante y hazlo. No voy a venir y crear problemas. Tampoco le voy a hacer ningún daño a ella. Yo también he creído en Jesucristo y seré bautizado, cuando llegue el momento adecuado." *Resultados radicales demandan riesgos radicales.*

El riesgo aumenta nuestra influencia

Cuando Ester era reina de Persia, su esposo (el rey) fue persuadido para aprobar una ley insensata que todos los judíos fueran asesinados. Obviamente, él no conocía muy bien a su esposa, porque ella era Judía. (Sin duda, esto hubiera salido a flote si hubieran ido a un asesoramiento prematrimonial.) Tan pronto como se difundió la noticia en cuanto al destino de los judíos, el tío de Esther, Mardoqueo, le exhortó a hablar con valentía a su marido:

> No te imagines que por estar en la casa del rey serás la única que escape con vida de entre todos los judíos.... ¡Quién sabe si no has llegado al trono precisamente para un momento como éste! (Ester 4:13-14)

A pesar de que ella estaba casada con el rey, acercarse a un monarca de esta manera le podía costar a Esther su vida. Pero ella fue un verdadero héroe bíblico - y por lo tanto arriesgó todo por el bien de los demás.

> Ester le envió a Mardoqueo esta respuesta: 16 «Ve y reúne a todos los judíos que están en Susa, para que ayunen por mí. Durante tres días no coman ni beban, ni de día ni de noche. Yo, por mi parte, ayunaré con mis doncellas al igual que ustedes. Cuando cumpla con esto, me presentaré ante el rey, por más que vaya en contra de la ley. ¡Y si perezco, que perezca! (Ester 4:15-16)

Pero ella no pereció. En lugar de matarla a ella y a sus compatriotas, el rey ordenó la ejecución del hombre que le aconsejó que aprobara la ley. Las acciones de Esther resultaron en el rescate de toda la nación de Israel. *Resultados radicales demandan un riesgo radical.*

Dudo que alguien ame la historia de Ester más que una líder en India del estado de Tamil Nadu. En 1996, viajé al sur de la India donde pasaría dos semanas enseñando a un grupo de evangelistas que se habían reunido para un tiempo de entrenamiento y apoyo. Con el fin de comunicarme con todos los trescientos estudiantes que habían venido de cinco estados (lo que significaba cinco idiomas diferentes), cada frase que comuniqué tuvo que ser interpretada a través de cinco traductores diferentes. El hombre a mi derecha, que se llamaba José, fue el responsable de traducir mis palabras al Tamil.

Una mañana, mientras yo estaba enseñando la historia de Ester, José estaba visiblemente molesto. Al término de la clase, corrió a su cuarto y comenzó a llorar. Su dolor era tan obvio que un miembro de nuestro equipo de inmediato se reunió con él. No perdió ni un minuto en explicar el motivo de sus lágrimas. Años antes él sintió claramente que el Señor lo llamaba a establecer un ministerio para huérfanos. Pero mientras contemplaba el enorme obstáculo de financiar una operación de este tipo, él eligió la seguridad de los ingresos garantizados como traductor. Pero mientras él traducía la conversación de Mardoqueo con Ester, el dedo de Dios presionó fuerte sobre su corazón. Se dio cuenta de que él también había sido elegido para un propósito específico. Y esta era la última invitación que Dios enviaría.

José le dijo sí a Dios esa tarde. Y en cuestión de meses se había trasladado a Chennai, donde comenzó un hogar de niños. El primer huérfano rescatado de las calles era un niño de nueve años de edad, que estaba compitiendo con el ganado errante por restos desechados en la basura. Al no tener recursos propios, José le proveyó al niño un lugar para dormir en el garaje de su padre. Y ahora 14 años más tarde, la casa de niños El Shaddai son instalaciones de varios edificios, libres de deuda, que proporciona cuidado físico y espiritual a sesenta y tres hermosos niños. *Resultados radicales demandan riesgo radical.*

El riesgo aclara nuestra confianza

La fe es un negocio riesgoso - no porque estemos inseguros sobre el carácter de Dios, sino porque no sabemos plenamente sus planes, propósitos y caminos. El riesgo implica incertidumbre sobre el futuro. Eso es lo que a nuestra carne no le gusta. Pero aquí es donde Dios busca profundizar nuestra fe - que caminemos con esperanza en el presente, porque Él gobierna el futuro. Para quienes no pueden ver lo bueno que les espera en el camino por delante, Dios dice:

> Yo anuncio el fin desde el principio; desde los tiempos antiguos, lo que está por venir. Yo digo: Mi propósito se cumplirá, y haré todo lo que deseo. (Isaías 46:10)

Dios conoce el futuro porque Él está en el futuro, trabajando en el futuro. Ese es el fundamento inquebrantable de todo nuestro riesgo. Podemos arriesgarnos porque Dios nunca lo hace. Dios no vive con incertidumbre como nosotros lo hacemos. Él experimenta gran dolor como lo vemos en la vida de Jesucristo. Pero nada de ese dolor lo sorprendió. Escuche lo que Pedro dijo en Pentecostés sobre la crucifixión de Jesucristo;

> Éste fue entregado según el determinado propósito y el previo conocimiento de Dios; y por medio de gente malvada, ustedes lo mataron, clavándolo en la cruz. 24 Sin embargo, Dios lo resucitó. (Hechos 2:23-24)

Dios dio Su todo en la cruz, pero no arriesgó nada. La muerte de su Hijo era su plan para cumplir sus propósitos. De la misma manera, Dios nos permitirá experimentar dolor y pérdida cuando nos arriesgamos para él. Pero cada fragmento de ese dolor será utilizado estratégicamente para cumplir Sus propósitos. La esperanza fundamental para todos los que toman riesgos exaltando a Cristo es que Dios nos está guiando con un plan hacia el futuro que Él está controlando.

Nuestra lucha más grande es confiar en la soberanía de Dios cuando es nuestro turno de tomar riesgos. Nuestra carne quiere mantenerse en las respuestas visibles más que en un Dios invisible. La Escritura advierte del peligro de poner nuestra esperanza en las cosas incorrectas durante los tiempos de incertidumbre;

> Conduciré a los ciegos por caminos desconocidos, los guiaré por senderos inexplorados; ante ellos convertiré en luz las tinieblas, y allanaré los lugares escabrosos. Esto hare, y no los abandonaré. Pero retrocederán llenos de vergüenza los que confían en los ídolos, los que dicen a las imágenes: "Ustedes son nuestros dioses." (Isaías 42:16-17)

Por el resto de tu vida Dios te va a guiar a oportunidades para servirle a través del riesgo. Y cada vez que lo hace, te verás tentado a confiar en un ídolo visible sin valor. O pondrás tu mano en la mano todopoderosa e invisible de Dios. Si confías en Dios, experimentarás la satisfacción que viene cuando Él te de poder para cumplir Sus propósitos. Pero si tú pones tu confianza en los ídolos, no experimentarás Su poder, y sin duda perderás sus propósitos. Dios bendice al que toma riesgos que dice sí a Él. Pero Él no afirmará la fe que espera hasta que se eliminen todas las incertidumbres. Como Alexander Maclaren dice, "La fe del siguiente día no es fe".

El riesgo magnifica nuestra esperanza

El libro de Hebreos fue escrito para una iglesia del siglo primero que había sufrido mucho por la persecución. Seguir a Cristo había causado escarnio público, el encarcelamiento, e incluso la pérdida financiera. Al tratar algunos creyentes de evitar más riesgos, el escritor les recuerda la esperanza que los había sostenido días anteriores;

> También...cuando a ustedes les confiscaron sus bienes, lo aceptaron con alegría, conscientes de que tenían un patrimonio mejor y más permanente. (Hebreos 10:34)

Según la Escritura, está bien desear las recompensas del cielo. La única cosa buena acerca de un mundo volátil es que aumenta nuestra ansia de permanencia en los cielos. Es por eso que todos los tomadores de riesgo del Antiguo Testamento fijaron su mirada en "un país mejor - este es, celestial" (Hebreos 11:16). Esta esperanza eterna fue la fuerza impulsora detrás de todo riesgo que tomó Bonhoeffer. Él dijo que "La muerte es... el mejor regalo de gracia que Dios da a las personas que creen en él... es la puerta de entrada a nuestra patria... el reino eterno de la paz."[45]

Muchos en la iglesia occidental no desean el cielo, porque tienen tantas cosas en la tierra. En sus mentes, la muerte es un momento en que pierdes tu casa, tu auto, tu dinero y tu estatus - sólo para pasar la eternidad como un don nadie en una nube inflada. Pero de acuerdo a la Biblia, eso no es lo que los cielos parecen en absoluto. El final del versículo 34 dice dos cosas gloriosas sobre nuestras posesiones celestiales. Ellas son mejores y duraderas.

Dios no tiene que decirme mucho más acerca del cielo aparte de que es mejor que la tierra. ¡Mejores colores! ¡Mejor música! ¡Mejor sabor! ¡Mejor alegría! ¿Cómo será nuestra relación con nuestros seres queridos en el cielo? Mejor que cualquier relación terrenal. ¿Cómo serán nuestros cuerpos en el cielo? Mejor que cualquier cuerpo terrenal. ¿Cómo serán nuestras casas en el cielo? Mejor que cualquier hogar terrenal. No importa lo que tú has visto, oído o imaginado en la tierra, todo lo que está en los cielos es mejor (1 Corintios 2: 9).

No sólo nuestras posesiones serán mejor en el cielo, también serán duraderas. Los grandes tomadores de riesgo del Antiguo Testamento anhelaban "la ciudad que tiene fundamentos, cuyo arquitecto y constructor es Dios" (Hebreos 11:10). El único problema con las grandes ciudades del mundo es que algún día se desmoronaran al suelo. En cierto sentido, todas ellas están construidas sobre la falla de San Andrés.

Los tomadores de riesgo de Dios no persiguen la seguridad terrenal porque saben que no existe. Ellos han aprendido que el control es una ilusión. Por eso Jesús dijo:

> Acumulen para sí tesoros en el cielo.... donde ni los ladrones se meten a robar. (Mateo 6:20)

Así como es imposible mantener cualquier cosa en tierra, es imposible perderla en el cielo.

Durante los últimos quince años, mi esposa y yo hemos tenido el privilegio de compartir la vida con unos tomadores de riesgos completamente valientes y compasivos. A los pocos meses después de retirarse como un educador, Chip aceptó un puesto a tiempo parcial con un ministerio infantil urbano en la ciudad. Las personas a las que sirve están dentro del 15% de las comunidades más pobres en EEUU. El periódico de Huffington Post los incluyó entre los barrios más peligrosos en Estados Unidos. Padres ausentes y madres abrumadas obligan a la mayoría de los niños a criarse ellos mismos.

¿Cómo ayudar a un niño que duerme en el suelo, que necesita más alimentos, y espera que su padre enojado e intoxicado no vuelva a casa? Tú le compras una cama, le llevas algo de comida y le dices que hay un Dios eterno en el cielo que anhela ser un Padre siempre presente en la tierra. Y tú caminas al lado de ese niño hasta que pueda creer que realmente hay un Dios que permanece con nosotros en nuestro dolor.

Por el bien de estas vidas vulnerables, Chip se ha sumergido en el mundo de estos niños. Pero, como una de sus cartas revela, esta noble misión requiere que ella esté anclada a la esperanza eterna:

> En cuanto a mi trabajo, soy muy consciente de que estoy en peligro. Hay una gran probabilidad que pudiera morir allí. Trato de tomar precauciones inteligentes, pero a veces estoy tan enfocado en aliviar la necesidad de alguien que no estoy tan alerta

como debería. Estoy cada vez más consciente de que el mal abunda en este lugar. Debido a que yo no serví al Señor antes en mi vida, espero que él me deje servirle aquí otros veinte años. Pero si Dios decide llevarme a casa antes de eso, Tú puedes saber que de hecho finalmente he ido a casa.

El peligro de una vida libre de riesgos

Sorprendentemente, el capítulo de la Biblia, que exalta la fe También proporciona una visión de las consecuencias de no tener fe. En Hebreos 11:29, la Biblia honra a los hijos de Israel que confiaron en Dios para separar el Mar Rojo mientras caminaban a través de éste. En el siguiente versículo de la Escritura elogia a las personas que confiaron en Dios para derribar los muros de Jericó marchando alrededor de la ciudad. Sin lugar a dudas estos están entre los dos eventos más grandes del Antiguo Testamento. Pero lo que mucha gente deja de recordar es que estos eventos están separados por cuarenta años. Y en esos cuarenta años - entre los versículos 29 y 30 – dos millones y medio de personas desaparecieron!

En otras palabras, la gente en el versículo 29 no son las mismas personas del versículo 30. ¿A dónde fueron? Ellos murieron en la tierra de los infieles. Su historia se cuenta en el libro de Números del Antiguo Testamento. En Números 13, Dios le dijo a Moisés que enviara un grupo de doce hombres en una misión de reconocimiento a espiar la tierra nueva a donde Él estaba guiando a su pueblo. Tenían que traer de vuelta un informe que animara la fe sobre la condición y potencial de la tierra. Pero ellos se centraron más en los obstáculos que en las oportunidades:

> Éste fue el informe dado a Moisés: Fuimos al país al que nos enviaste, ¡y por cierto que allí abundan la leche y la miel! Aquí pueden ver sus frutos. Pero el pueblo que allí habita es poderoso, y sus ciudades son enormes y están fortificadas. (Números 13:27-28)

> No podremos combatir contra esa gente. ¡Son más fuertes que nosotros! Y comenzaron a esparcir entre los israelitas falsos rumores acerca de la tierra que habían explorado. (Números 13:31-32)

Moisés envió un equipo de avanzada de modo que la nación pudiera orar con pasión y pelear con sabiduría. Pero en vez de eso sostuvieron una reunión de negocios para votar en contra de la voluntad de Dios. Rechazando el riesgo, pronto trazaron un camino que pensaban que los mantendría a salvo. Pero esa seguridad resultó en cuarenta años de desierto y peregrinaciones que terminaron en la muerte de toda esa generación (Números 14:32).

Al negarnos a confiar en Dios, experimentamos el mismo dolor que estamos tratando de evitar. Es algo peligroso resistir el liderazgo de Dios con el fin de andar sobre un camino libre de riesgos. Como John Ortberg nos recuerda,

> Cada vez que alguien dice que sí a Dios,
> el mundo cambia un poco.
> Cada vez que dices que no a Dios –
> Tú cambias un poco.
> Tu corazón se vuelve un poco más duro.
> Tu espíritu muere un poco.
> Tu adicción a la comodidad se vuelve un poco más fuerte.[46]

Resultados radicales demandan riesgo radical. Dios recompensa a los que toman riesgos.

9

El Sufrimiento Importa

RECIENTEMENTE MIENTRAS LEÍA UNA REVISTA del liderazgo bíblico, me di cuenta que, además de sus excelentes artículos, había una serie de anuncios para universidades cristianas. Algunos hacían promesas sobre su excelencia académica. Otros se centraron en su compromiso con el desarrollo ministerial. Pero ninguno de ellos tenía un enfoque similar a esto:

> Venga a estudiar al seminario Bright Hope, te enseñamos a sufrir.

Ninguna empresa de marketing o publicidad aconsejaría a una escuela promoverse de esta manera, sin embargo, así es exactamente cómo Dios anunció el ministerio al que había llamado al apóstol Pablo. Como mencionamos al principio del libro, Pablo se encontró con Jesucristo mientras intentaba destruir a todos los que seguían a Cristo. Pablo no conocía al Señor y odiaba a todos quienes lo hacían. Pero en su camino a batallar con la iglesia, Jesús batalló con Pablo–

Una luz del cielo cayó.
El Señor Jesús habló.
La vida de Pablo fue cambiada.

Espiritualmente y físicamente, Pablo había visto la luz – tanto, que se quedó temporalmente ciego. El Señor llamó a un discípulo llamado Ananías para ir a la casa donde Pablo se alojaba y le pusiera las manos sobre sus ojos para que su vista fuera restaurada. Al igual que todos los cristianos de esa región, Ananías sabía de la vida de Pablo hasta este momento. Por lo tanto, él básicamente le preguntó al Señor si Él había sacado la carpeta correcta del gabinete de archivos cuando eligió a Pablo. Escucha la respuesta del Señor:

> ¡Ve! —insistió el Señor—, porque ese hombre es mi instrumento escogido para dar a conocer mi nombre tanto a las naciones y a sus reyes como al pueblo de Israel. 16 Yo le mostraré cuánto tendrá que padecer por mi nombre. (Hechos 9:15-16)

¡Qué interesante llamado al ministerio. No, "voy a prodigarlo con la comodidad, el honor, y la facilidad." Sino más bien, "voy a mostrar lo mucho que tiene que sufrir".

Dios nunca promete un camino fácil para nadie que Él llama a servirle. Imagínese esta escena en el año 600 A.C. Dios establece un servicio de inserción laboral en el Medio Oriente. Un día un hombre llamado Daniel pasa a través de la puerta principal. El Señor le entrega este folleto:

Emocionante carrera en Persia

- Experimentarás la persecución religiosa
- Pasarás una noche en un foso de los leones
- Cambiarás el corazón de un rey

Dios siempre bendecirá nuestra obediencia para la realización de sus propósitos. Pero en ninguna parte de la Biblia hay un indicio de que esta bendición nos quitará el dolor. Al contrario, muchas veces el éxito más grande vendrá a través del sufrimiento. Poco después de que Pablo fue salvo, comenzó a predicar en las sinagogas de Damasco. Sin lugar a dudas su ministerio fue efectivo inmediatamente;

> Pero Saulo cobraba cada vez más fuerza y confundía a los judíos que vivían en Damasco, demostrándoles que Jesús es el Mesías. (Hechos 9:22)[47]

Eso suena divertido. Me gusta la palabra "poderoso". Me recuerda otras palabras atractivas como "imponente" e "inspirador." Ese es el tipo de resultados del ministerio que todos queremos. Pero mira el siguiente versículo:

> Poco tiempo después, unos judíos conspiraron para matarlo... De modo que, durante la noche, algunos de los creyentes lo bajaron en un canasto grande por una abertura que había en la muralla de la ciudad (Hechos 9:23 -25)

El ministerio de Pablo fue fructífero pero difícil. La Biblia es clara. El evangelio hace su mayor avance a través del sacrificio y la persecución. Ese mensaje esta casi extinguido en nuestro pomposo imperio religioso siempre creciente en el occidente. ¿Cuántos testimonios de los medios que has escuchado te han sonado como esto? : "Yo era un triste miserable. Después de perder todo, decidí convertirme en un cristiano. Ahora la vida es fabulosa. Hemos encontrado una iglesia genial que tiene algo para todos. Y mi negocio está en auge. Hice tantas ventas en el último trimestre que ahora soy un vicepresidente regional".

Compare eso con el supervisor de una fábrica en un país comunista cuyo testimonio podría sonar así: "Fui exitoso en este mundo. Tenía un buen trabajo, el dinero suficiente, y una familia feliz. Luego recibí a Cristo como mi Salvador. Perdí mi trabajo y ahora estoy sentado en la cárcel por el delito de amar a Jesús. Mi cuerpo está frío, pero mi corazón es reconfortado con el amor de Cristo".

No estoy sugiriendo que nos apresuremos a inscribirnos en una dura sentencia a prisión. Pero tampoco debemos esperar y diseñar una vida que es fácil, cómoda y tranquila. De hecho, Dios usó a Pablo para decirnos que esperemos pruebas. Después de que él fue salvo, Pablo extendió el evangelio a través de tres viajes misioneros. La siguiente escena tiene lugar durante el viaje misionero número uno:

> En eso llegaron de Antioquía y de Iconio unos judíos que hicieron cambiar de parecer a la multitud. Apedrearon a Pablo y lo arrastraron fuera de la ciudad, creyendo

> que estaba muerto. 20 Pero cuando lo rodearon los discípulos, él se levantó y volvió a entrar en la ciudad. (Hechos 14:19-20)

¡Miren esto! Una multitud te apedrea. Los discípulos oran por ti. Dios te restaura. Y vuelves a la misma ciudad donde ocurrió este disturbio! No cambie el canal; esta historia está lejos de terminar:

> Al día siguiente, salió junto con Bernabé hacia Derbe. Predicaron el evangelio en aquella ciudad y ganaron un gran número de discípulos. (Hechos 14:20-21)

Eso no es exactamente lo que yo esperaba leer. ¿No debería decir: "Al día siguiente, Pablo fue al hospital de rayos X y luego regresó a su casa a escribir un libro sobre sufrimiento?" No!, al día siguiente está predicando en Derbe. - y un montón de personas están siendo salvas. Pero la historia se vuelve aún más increíble:

> Luego volvieron a Listra, Iconio y Antioquía, fortaleciendo a los discípulos y animándolos a perseverar en la fe. (Hechos 14:21, 22)

Me encanta cómo Lucas simplemente menciona la palabra "Listra" como si fuera sólo otra ciudad. Esa es la ciudad donde las personas apedrearon a Pablo! Sin embargo, él está de regreso. Y mira el mensaje que deja a estas personas:

> Es necesario pasar por muchas tribulaciones para entrar en el reino de Dios. (Hechos 14:22)

Esto no es una declaración teórica sobre un posible sufrimiento. Él estaba hablando de una realidad en la que personalmente tropezaría.

Justo antes del amanecer el 8 de Septiembre de 2009, una patrulla de fuerzas Afganas y sus entrenadores estadounidenses estaban caminando a través de un estrecho valle para reunirse con los líderes del pueblo cercano. A medida que se acercaron, todas las luces de la aldea se apagaron, seguido por un bombardeo de fuego talibán. Como las lesiones y las muertes comenzaron a ascender entre la patrulla acorralada, el cabo Dakota Myers y el sargento Juan Rodríguez Chávez se montaron en un Humvee y se dirigieron directamente a la zona de guerra. Chávez conducía mientras que Myers manejaba la ametralladora en la parte trasera. Desde todas las puertas, ventanas, y callejones, los aldeanos armados y soldados talibanes dispararon rifles AK-47, morteros, cohetes móviles y granadas contra la patrulla atrapada. Cinco veces ese día, Chávez y Myers condujeron dentro y fuera de la zona de la matanza. Aunque cuatro estadounidenses murieron, se salvaron treinta y seis soldados. Más tarde, cuando un herido Myers recibía la Medalla de Honor, se le preguntó qué pensaba en ese momento. Él dijo: "Yo no pensaba que iba a morir. Yo lo sabía"[48]

Ese sentimiento es lo que hace la vida de Pablo tan gloriosamente intrigante. Trabajó en las ciudades donde su sufrimiento era real. Esto es evidente a medida que leemos sus palabras finales a los creyentes de Éfeso:

> Y ahora tengan en cuenta que voy a Jerusalén obligado por el Espíritu, sin saber lo que allí me espera. 23 Lo único que sé es que en todas las ciudades el Espíritu Santo me asegura que me esperan prisiones y sufrimientos. (Hechos 20:22-23)

Cuando miramos el versículo 22 del capítulo anterior, afirmamos que Pablo era un tomador de riesgos que exaltaba a Cristo debido a su deseo de seguir al Señor en un futuro incierto. Sin embargo, cuando lees el versículo 23, ves que su futuro no era tan incierto. ¡Sabía que iba a sufrir mucho en Jerusalén! Sin embargo, él fue. ¿Por qué? Porque había descubierto una de las claves más importantes a la resistencia en toda la Escritura - Nuestro sufrimiento ilumina el sufrimiento de Cristo. Pablo explica esto en su carta a los creyentes de Colosas:

> Ahora me alegro en medio de mis sufrimientos por ustedes, y voy completando en mí mismo lo que falta de las aflicciones de Cristo, en favor de su cuerpo, que es la iglesia. (Colosenses 1:24)

Antes de que podamos entender el significado real de este versículo, es crucial que entendamos lo que no está enseñando. Cuándo Pablo dice que falta algo en lo que se refiere a los sufrimientos de Cristo, él no está dando a entender que la muerte de Cristo no quita plenamente nuestra culpa. Porque, ¿quién puede olvidar la declaración final del Señor mientras él estaba en la cruz por nuestros pecados:

> Jesús dijo: "Todo se ha cumplido." Luego inclinó la cabeza y entregó el espíritu. (Juan 19:30)

El libro de Hebreos nos dice claramente que Jesucristo es un sacerdote perfecto que ofreció un sacrificio perfecto - lo que resulta en nuestro perdón completo (Hebreos 7:27; 9:26). El sufrimiento de Cristo es capaz de quitar cualquier pecado de cualquier persona en cualquier lugar y a cualquier hora. Hay un puente de la tierra al cielo, pavimentado por la sangre de Cristo. Ese puente está totalmente construido. Está terminado. Todos los que quieren vivir con Dios están invitados a caminar a través de el. Así que cuando hablamos de completar los sufrimientos de Cristo, no estamos hablando de agregar a su sacrificio masivo nuestros mini sacrificios. Es ridículo pensar que nuestra obediencia imperfecta podría añadir algo a su obediencia perfecta.

Entonces, ¿qué quiere expresar Pablo cuando dice que hemos de completar lo que falta a lo que respecta a los sufrimientos de Cristo? La respuesta se encuentra en una entrega especial. En una ocasión, cuando Pablo estuvo preso en Roma, la iglesia de Filipos recogió una ofrenda para ayudarlo con sus necesidades. Aunque la ofrenda ya estaba tomada, no beneficiaba a Pablo hasta que alguien se la llevara. Un hombre llamado Epafrodito recibió esa tarea. En el proceso de transportar ese regalo, Epafrodito casi muere. Pablo elogió a este hombre en una carta que más tarde enviaría a la iglesia de Filipos:

> Recíbanlo con amor cristiano y mucha alegría... Porque estuvo a punto de morir por la obra de Cristo. Arriesgó su vida para compensar la ayuda que ustedes no podían darme. (Filipenses 2:29-30).

Cuando Pablo dice que Epafrodito compensó lo que ellos no podían dar, utiliza la misma frase griega que usó en Colosenses 1:24 para hablar de lo que está faltando con respectos a las tribulaciones de Cristo. Entonces, ¿cuál es el punto? La iglesia en Filipos ya había hecho el sacrificio por Pablo. *Epafrodito no podía agregar nada a eso.* Pero el sacrificio que la iglesia había hecho no tenía ningún valor hasta que Epafrodito lo presentó a Pablo. Y para que su sacrificio fuera de utilidad a Pablo, Epafrodito tuvo que sacrificarse. En ese sentido él completó lo que le faltaba en su sacrificio.

De la misma manera, Cristo ha hecho el único sacrificio que puede quitar los pecados del mundo. Pero muchos en el mundo no saben de este sacrificio. Y muchos otros no lo valoran. A fin de que el mundo vea claramente la grandeza de los sufrimientos de Cristo, debemos presentar la historia de su sufrimiento para ellos. Esa presentación requerirá nuestro sacrificio y nuestro sufrimiento. Así es como completamos los sufrimientos de Cristo. Sufrimos con el fin de hacer conocido su sufrimiento. El autor Trevin Wax lo dice bien:

> Los primeros cristianos abrazaron el sufrimiento, la tortura, incluso el martirio, porque sabían que sus sufrimientos les daba la oportunidad de proclamar mejor el mensaje del evangelio. Los primeros cristianos no podían evangelizar a través de cruzadas evangelísticas. El único lugar donde se podía conseguir una audiencia pública por el evangelio era en un juicio de martirio.[49]

Fue el sufrimiento de Cristo en la cruz que convenció a un soldado romano impío a declarar que Jesús era el Hijo de Dios (Marcos 15:39). Aquí está un hombre que nunca había pensado en Su relación con Dios. Pero cuando vio cómo sufrió Cristo, adoró al Señor.

El fundador de "Voz de los Mártires", Richard Wurmbrand, una vez -preguntó a una mujer si ella tenía miedo de que su afiliación con la iglesia subterránea pudiera dar lugar a un gran sufrimiento. Ella respondió: "No me importa sufrir si el resultado es la salvación de los que me torturan".[50] A lo largo de la historia ha sido el fiel sufrimiento del pueblo de Dios lo que ha capturado la atención del mundo. Estamos llamados a compartir el sufrimiento de Cristo para que podamos conducir a la gente a Su sufrimiento. Nuestro sufrimiento hace posible que la gente oiga hablar de Su sufrimiento. Y sólo cuando ellos confían en Su sufrimiento van a ser salvados del sufrimiento eterno. Hace dos mil años, Dios amó al mundo lo suficiente como para enviar a Su Hijo a sufrir por tus pecados. Hoy Él ama el mundo lo suficiente como para enviarnos a decirles del sufrimiento de Cristo - Aun cuando ir nos cueste todo.

Martha Myers nació el 13 de marzo de 1945 en Montgomery, Alabama. Al graduarse de la Escuela Secundaria Lee en 1963, pasó los próximos cuatro años estudiando en la Universidad de Samford. Durante su tercer año, viajó al Medio Oriente, donde sirvió en el Hospital Jibla Bautista situado en Yemen.

Dios ya había impresionado su corazón con un llamado a las misiones, y Él usaría este viaje para identificar en qué parte del mundo Él deseaba que ella sirviera. Después de completar su último año en la Samford, ella obtuvo un título de médico en obstetricia de la Universidad del Sur de Alabama en Mobile. Esto fue seguido por estudios en el seminario en Kansas City y escuela de idiomas en Londres.

En 1977, la Dra. Myers se mudó a Yemen, donde pasaría los próximos veinticuatro años de su vida al servicio del Hospital Bautista Jibla - una instalación de 80 camas que trata a 40.000 personas anualmente. Inicialmente trabajó seis días a la semana en las siguientes áreas: Dos días en la cirugía, dos días en consulta externa, y dos días viajando a las aldeas de los alrededores donde inmunizaba a los niños, distribuía medicina , y enseñaba los principios de la atención sanitaria.

Eventualmente, su ministerio a la gente de las villas llegó a ocupar la mayor parte de su tiempo. Pasaba horas en su Toyota Land Cruiser viajando a través de las montañas de los caminos más pobres. A veces trabajaba hasta tan tarde en la noche que dormía en los pueblos dentro de su Land Cruiser. En algunas ocasiones llegaba a la casa de un paciente en medio de la noche y despertaba a la familia lanzando piedras contra el lado de la casa.

Martha Myers amaba ser un médico para la gente de Yemen. Nada le trajo mayor gozo que arrodillarse al lado de la cama de un niño árabe y administrar la medicina curativa. Algunos se refirieron a ella como la Madre Teresa de Yemen. Cuándo los fondos de la misión se terminaron, ella usó sus propias finanzas para pagar los suministros y procedimientos médicos. Y cuando sus propios ahorros se agotaron, vendió sus posesiones personales para proporcionar atención para esta gente a quien ella tanto amaba.

A lo largo de su tiempo en la región, ella era muy consciente de los peligros de practicar la medicina en el nombre de Cristo. En 1998, hombres armados secuestraron su Toyota con la intención de robárselo. La obligaron a acostarse en la parte de atrás, lanzaron una manta sobre ella, y la amenazaron con matarla si ella pronunciaba una palabra. Sus planes fracasaron cuando la camioneta se accidentó, haciéndoles abandonar el vehículo. Después de este incidente, algunos familiares y amigos le sugirieron que volviera a Estados Unidos. Cuando ella Les preguntó ¿por qué?, afirmaron lo obvio, "porque podrías ser asesinada." A lo que ella respondió: "Bueno, voy a estar en el cielo."[51] ¿Por qué Martha Myers servía sin temor en una región tan hostil? Porque su objetivo no era quedarse con vida - sino más bien vivir con Jesús.

El 30 de diciembre de 2002, un asociado de Al Qaeda, Abed Abdel Razzek Kamel , entró en el Hospital Bautista Jibla portando un arma oculta , y mató a Martha Myers y a otros dos misioneros. Tan sólo unos meses antes de esto, la. Dra.

Myers había tratado a la esposa del agresor - y compartido con ella la esperanza que se encuentra en Jesús. El esposo de la mujer estaba tan preocupado por el nacimiento de una alegría centrada en Cristo en la vida de su esposa que él se propuso matar a la Dra. Myers antes de que ella ganara el país entero para Cristo.

Aunque la Dra. Myers fue elogiada maravillosamente en un servicio de adoración en la Iglesia Bautista de la Avenida Sage en Mobile, y aunque la biblioteca de Samford tiene una imagen de bronce de ella, las palabras más grandes sobre la vida de Martha Myers fueron pronunciadas por el pueblo de Yemen. La Dra. Myers solicitó que se le enterrara en el país que había capturado su corazón. Su deseo fue concedido en un pedazo de tierra detrás del hospital. Y en la lápida sobre su tumba, las personas escribieron estas palabras - primero en árabe y luego traducidos al inglés- "Ella amaba a Dios."

No importa qué posesiones adquirimos o el éxito que alcanzamos, la última cosa que importa al final de nuestra vida es que nosotros hayamos amado a Dios - y amarlo lo suficiente como para sufrir por sus propósitos. Martha Myers entendió que el objetivo de la vida no es permanecer vivo, sino usar la vida que sea que tengamos para anunciar la gracia de Dios a tantas personas como sea posible. Cuando contemplas una carrera tal, tan bien administrada, honrarías el testimonio de Martha Myers respondiendo a estas preguntas:

¿Estoy satisfecho con una vida que es cómoda y tranquila - y tiene poca influencia para Cristo?

O

¿Estoy dispuesto a hacer verdaderos sacrificios para que muchos conozcan la esperanza de Jesús?

10

Terminar Importa

AL COMIENZO DE LA TEMPORADA de fútbol 2008 en la universidad, Urban Meyer, el entrenador en jefe de los Gators de la Florida, reunió a la escuadra para emitir una firme directriz; "Chicos, este año vamos a ser un equipo que termine fuerte". Desde ese momento, todos los aspectos del programa reflejaban el compromiso del equipo con el desafío de su entrenador. La frase *Terminar fuertes* estaba escrita en sus camisetas, en su pantalones cortos, e incluso en las placas de la ciudad. Cada entrenamiento, cada corrida y en cada práctica debían terminar fuertes.

En el día de la final del campeonato nacional contra Oklahoma, el entrenador Meyer recordó a su equipo del compromiso que los había llevado a este punto; "Chicos, estoy muy orgulloso de ustedes. Este año han terminado fuertes... hasta ahora. Pero mucho de esto será olvidado si no terminas fuertes esta noche."

Con tres minutos por jugarse en el partido, el capitán de campo de la Florida, Tim Tebow, lanzó un touchdown al receptor abierto David Nelson que puso a los Gators en una ventaja de diez puntos. Ellos iban a ganar el campeonato nacional. Cuando Tebow salía de la cancha, vio al entrenador Meyer caminando hacia él. Con lágrimas corriendo por su rostro, el entrenador se quitó los audífonos, abrazó a su capitán de campo, y le dijo: "Timmy, yo sólo quiero que sepas que te quiero, estoy orgulloso de ti, terminaste fuerte." Al terminar las celebraciones esa noche, Tebow se sentó en la habitación del hotel, y pensó en la declaración del entrenador Meyer en un contexto diferente. Tebow dijo: "Sería genial que cuando mi tiempo aquí en la tierra termine y esté de pie delante de mi Padre celestial, Él se me acerque con los brazos abiertos, me abrace y me diga, "Timmy , solo quiero que sepas que te amo y que estoy orgulloso de ti; Has terminado fuerte."

Terminar bien no es fácil. Muchos líderes han desgraciado su record porque dejaron de correr bien en sus últimos años. La carrera que Dios nos llama a correr no es una de velocidad, sino una maratón. Son raras las personas que cruzan la línea de meta final todavía fuertes en Dios. Terminar fuerte fue la gran pasión de la vida del apóstol;

> Yo, por mi parte, ya estoy a punto de ser ofrecido como un sacrificio, y el tiempo de mi partida ha llegado. He peleado la buena batalla, he terminado la carrera, me he mantenido en la fe. (2 Timoteo 4:6-7)

El apóstol Pablo había sido parte del más magnifico viaje por el mundo. Después de estar sin Dios por los primeros 30 años de su vida, pasó sus próximos 30 años sirviendo con valentía a Jesucristo, quien había cambiado su vida misericordiosamente. Y ahora, después de tres décadas de servicio y sacrificio, estaba sentado en la parte baja del calabozo de la Prisión Mamertino en Roma, a la espera de su ejecución. Había comenzado su viaje espiritual con una ambición, "terminar la carrera y el ministerio que el Señor Jesús me ha dado - la tarea de dar testimonio del evangelio de La gracia de Dios "(Hechos 20:24). Y en esta última carta de su ministerio, él era realmente capaz de decir: "Yo terminé la carrera. Completé esa tarea".

Pablo está escribiendo las últimas palabras que habrían de venir de su pluma. Y las escribió a un joven llamado Timoteo quien pastoreaba la iglesia vulnerable de Éfeso. Cuando lees las dos cartas que Timoteo recibió, tienes la sensación de que este joven pastor fue tentado a dejar de correr su carrera. Por lo tanto, cuando Pablo escribió estas palabras, él estaba usando el telón de fondo de su propia vida con el fin de fijar éste desafío ante Timoteo - termina bien la carrera que Dios ha puesto delante de ti.

Recientemente en nuestra iglesia un esposo y su esposa respondieron al llamado de Dios para servir en un hospital de la misión en Guatemala - el cuarto país más pobre del planeta. Debido a que su esposa era una pediatra, ella necesitaba decir a los miembros de su práctica que ella, junto con su esposo y sus cinco hijos, habían sido llamados por Dios para trabajar en un nuevo campo de la medicina en América del Sur. Después de enterarse de la decisión de Laura, un miembro de su equipo le preguntó cuál era la razón de peso para hacer esto. Ella respondió: "Porque cuando llegue al final de mi vida quiero ser capaz de decir que he completado la tarea que Jesús había impreso en mi corazón - para cuidar a los niños, el cuidado de los pobres, y para compartir el evangelio con todos ellos".

Las primeras transiciones al campo misionero eran tan estresantes que Laura a veces dudaba si realmente podría servir en esa capacidad. Pero un día, mientras ella se reunía con el director de la escuela de idiomas en Costa Rica, vio un grabado inusual que el hombre había adquirido en una tienda Goodwill durante un viaje a los EE.UU. Era una cruz que estaba grabada con un verso a menudo no relacionado con el arte de la crucifixión: El SEÑOR cumplirá en mí su propósito. (Salmos 138:8)

Fue el mismo versículo que Dios había usado para llamar a Laura al campo misionero como una adolescente veinte años antes. Semanas más tarde, cuando Mike y Laura completaron la escuela de idiomas, el director le presentó la cruz grabada de su escritorio, recordándoles que Dios completaría su obra en ellos.

Una de las mejores maneras de perseguir lo que importa es preguntar si la dirección actual de tu vida te permitirá decir que tú también has terminado la carrera de Dios - que hiciste lo que Él te pidió hacer. Pocas cosas han tenido más impacto en la iglesia que la enseñanza y los escritos de Juan Calvino. Afligido por la edad oscura teológica del siglo 16, Calvino estuvo de pie como un faro fiel, brillando a la luz de la Escritura en un mar tormentoso de las creencias apóstatas. Cuando tenía 30 años de edad, Calvino describió una escena imaginaria en la que al final de su vida daría cuenta de su ministerio a Dios:

> La cosa a la que me dirigí fundamentalmente, y por la cual trabajé más diligentemente, fue que la gloria de tu bondad y justicia. . . resplandeciera más eminentemente, que la virtud y bendiciones de Cristo. . . pudieran ser totalmente expuestas.[52]

Por los próximos veinticuatro años esa declaración de la visión guiaba su vida. A través de la pérdida de un niño pequeño, una esposa preciosa, su propia salud, y la persecución feroz, Calvino todavía estaba trabajando por esa misma meta cuando murió a los 54 años.

No esperes hasta el final de tu vida para preguntarte qué hiciste con tu carrera. Al igual que Calvino, imagínate allí en estos momentos. O como un amigo sugirió, ve todos los funerales que asistes como un ensayo general para el tuyo propio. Cuando llegues al final de tu viaje terrenal, ¿qué quieres que tu epitafio diga? ¿Qué puedes hacer ahora para asegurarte que también terminarás bien? A través del epitafio de Pablo se nos presentan cinco principios que nos permitirán cruzar la línea de meta con vigor y alegría:

Sirva con verdadera esperanza

> Ya estoy a punto de ser ofrecido como un sacrificio, y el tiempo de mi partida ha llegado. (2 Timoteo 4:6)

Cuando Pablo usa el término *libación*, parece que está pensando en un pasaje de la Escritura en Números 15. En ese capítulo, Dios describe varios tipos de ofrendas que los

Israelitas ofrecían en su adoración al Señor. Hacia el final de la lista está una libación. Por lo tanto, Pablo está usando estas imágenes para decir que después de haber hecho una vida de sacrificios para Jesucristo, ahora estaba listo para hacer el último - Su muerte.[53] Pero como puedes percibir con claridad en sus palabras, no hay una pizca de derrota o miedo en su voz. La muerte seguramente sembrará dolor en nuestros corazones, pero nunca debemos olvidar que las lágrimas de los creyentes siempre caen en el suelo fértil de la esperanza. Estas dos realidades sirven como el fundamento de la esperanza cuando los creyentes se preparan para su paso final de fe.

El momento de la muerte

Hay varias palabras que Pablo podría haber elegido para hablar del momento de su muerte, pero él usa específicamente la palabra griega *"kairos"*. Es una palabra que no se refiere a tiempo en general, sino un tiempo específico. Es la misma palabra para describir el paso seguro de Jesucristo a través de una multitud enojada a mediados de su ministerio. Está claro que querían matarlo, pero la Escritura dice: "su tiempo aún no había llegado "(Juan 7:30). Cuando Pilato trató de intimidar a Jesús alegando que él tenía el poder de matarlo o ponerlo en libertad, Jesús se apresuró a recordarle al gobernador: "tú no tendrías ningún poder sobre mí si no se te hubiera dado de arriba "(Juan 19:11).

Toda la materia y la energía vienen de Dios, pertenecen a Dios, y son controladas por Dios. Por lo tanto, aun cuando el sufrimiento se produce a través de fuentes secundarias, sólo viene porque la última fuente de vida y energía ha querido que esto viniera. Como dijo el famoso Abraham Kuyper: "No hay un solo centímetro cuadrado del planeta tierra sobre el cual el Cristo resucitado no diga, "¡Mío! "Pablo enfrentó la muerte con esperanza porque sabía que ese día fue inscrito en el cielo antes de que fuera promulgado en la Tierra. Ni el hombre ni el destino controlan el tiempo de nuestra muerte. Cada hijo de Dios será acompañado por el valle de sombra de muerte por las manos soberanas y misericordiosas de Jesucristo.

La naturaleza de la muerte

Me encanta la manera en que Pablo habla de la muerte en toda la Escritura. En varias ocasiones se refirió a ésta como dormir. Y aquí la describe como una partida. En lugar de utilizar la palabra normal para la muerte *"thanatos"*, él usó una palabra mucho más viva, *"analusis"*. La palabra fue utilizada en la literatura griega en una serie de hermosas formas. Describía:

> La eliminación de un yugo del cuello del animal que había estado tirando una carga pesada.
>
> La flexibilización de las cadenas de los prisioneros que habían sido puestos en libertad.
>
> La desvinculación de las cuerdas de manera que una carpa podía ser movida a un nuevo campamento.
>
> La liberación de las amarras que permiten que un barco navegue por una nueva tierra.

Cuando Pablo contemplaba la muerte, su enfoque no era sobre la pérdida sino en la ganancia. Dios lo estaba liberando de todas las cargas de este mundo. Él estaba siendo liberado de las cadenas de este cuerpo pecaminoso y vulnerable. Él navegaba rumbo a puerto seguro en los cielos.

El 19 de Marzo de 2011, nuestra comunidad se vio sacudida por una tragedia impensable. Un tren para niños en Cleveland Park se descarriló, hiriendo a más de veinte niños y terminando con la vida de Benji Easler de seis años de edad. Tres días más tarde, su padre Dwight Easler habló en el funeral de su hijo. Como pastor, Dwight había hablado en muchos funerales. Pero en ese día apenas podía hacer contacto visual con la preciosa iglesia que estaba de duelo con él. Pero con una esperanza que no es de este mundo, hizo esta declaración acerca del fatídico viaje en tren que acabó con la vida de su hijo: "En el segundo turno de la tercera vuelta, Benji intercambió un trencito por un carro celestial." Como Cristianos, no negamos el dolor que inevitablemente trae la muerte. Pero cuando consideramos la satisfacción eterna de todos los que moran en el cielo, nuestros corazones heridos se llenan de una paz eternal.

Pelea la buena batalla

> He peleado la buena batalla... (2 Timoteo 4:7)

Estoy tan agradecido de que Pablo describiera la vida cristiana como una lucha (porque sin duda se siente de esa manera para mí). La vida es dura. Seguir a Cristo no nos exime del dolor; a veces se magnifica. C. S. Lewis dijo una vez: "Si estás buscando una religión que te haga sentir cómodo, no te recomendaría el Cristianismo". Sí, la vida cristiana es una lucha. Pero como Pablo dice, es una buena pelea. Si no admitimos que estamos en una pelea, no estamos siendo honestos. Y si no estamos convencidos de que es una buena pelea, renunciaremos.

Es un poco difícil para nosotros imaginar muchos escenarios en los que la lucha es buena. Tomemos, por ejemplo, dos chicos en la clase de educación física de una escuela secundaria que se meten en una riña, tiran un par de golpes, y son inmediatamente llevados a la oficina del director. Y cuando el director les pregunta si es cierto que habían violado la política de la escuela peleando, uno de los chicos responde: "Sí, es verdad, pero no hay necesidad de alarmarse. Fue una buena pelea". Tengo la sensación de que no funcionaría muy bien.

Pero Pablo creía apasionadamente - y quería que Timoteo creyera - que la vida cristiana es una buena pelea. De hecho, en otras dos ocasiones instó a Timoteo a pelear la buena batalla (1 Timoteo 1:18; 6:12). En general, la vida cristiana es una buena lucha por cuatro realidades:

Por lo que luchamos en contra - el mal
Para lo que luchamos - los propósitos de Dios
Con quién luchamos – Jesucristo Don
de nos conduce la lucha – Gozo

La razón principal por la que la mayoría de las personas dejan de luchar es porque no ven ningún valor en la lucha.

La palabra “Bueno” viene de una palabra griega que habla del valor de algo debido a la finalidad que cumple. Jesús usó la palabra para describir un buen árbol (Mateo 12:33) y la buena tierra (Mateo 13:8). Tanto el árbol y el suelo son buenas porque producen algo bueno.

Del mismo modo, nuestras batallas son buenas, ya que juegan un papel vital en el plan de Dios para nuestras vidas. Es en las batallas que cumplimos con nuestro propósito y crecemos para ser los más hermosos. Somos hermosos cuando servimos a Dios por gratitud. Somos hermosos cuando obedecemos por amor. Somos hermosos cuando resistimos el mal. Somos hermosos cuando nos sacrificamos por Jesús. Somos hermosos cuando perseveramos en medio del dolor. Es una buena pelea, porque cumple con el hermoso propósito que Dios ha diseñado para nosotros.

Dios no permite un proceso que no tenga un propósito. Y para cada prueba que Él sanciona, Él supervisa todos los detalles para traer todo el bien que ha diseñado. Ningún versículo habla de esta realidad más que Romanos 8:28, “Y sabemos que Dios interviene en todas las cosas para bien de los que le aman, aquellos que han sido llamados de acuerdo con su propósito”. Esta es la gran esperanza de los creyentes en medio del conflicto. Dios es tan sabio y fuerte que él es capaz de hacer que cualquier calamidad sirva para sus buenos propósitos. Cada desastre natural, todos los esquemas del hombre, cada fuerza demoníaca - Él realmente hace que todas las cosas funcionen a nuestro favor. Dios es el maestro en el arte de escribir un final triunfante de inicios tristes.

Correr la carrera correcta

He acabado la carrera (2 Timoteo 4:7)

La palabra "carrera" viene de la palabra griega "*dromos*" que habla de la realización de una tarea específica – como un trabajo que ha sido terminado o la misión que se ha completado. Uno de los ejemplos más claros de esto se encuentra en el ministerio de Juan el Bautista. Nació para hacer una cosa - preparar al mundo para el ministerio de Jesucristo. El apóstol Pablo habla acerca de la fidelidad de Juan a esta asignación diciendo que Juan completó "su obra" (Hechos 13:25).

En este versículo Pablo utiliza la palabra "*dromos* "indicando que Juan había completado un llamado específico asignado a él por Dios. Hacer cualquier otra cosa habría llevado a Juan a perder El propósito de Dios para su vida.

A Dios le importa lo que haces con tu vida. Tus creencias le importan a Dios. Tu carácter le importa a Dios. Tu servicio le importa a Dios. Cuando ponemos nuestra fe en Cristo y llegamos a estar unidos a Dios, pasamos el resto de nuestras vidas permitiendo que Él infunda Su carácter en nosotros y cumpla su propósito a través de nosotros. Dios tiene un plan para tu vida. Él quiere atraer tu adoración de una manera que nunca ha venido de ningún otro corazón. Él quiere revelarse a sí mismo a través de ti de una manera que nunca ha ocurrido a través de ningún otro ser humano. Este es tu dromos. Esta es tu carrera. Esto es lo que importa.

Poco antes de que la banda *Hootie and the Blowfish* firmaran con Atlantic Records - y vendieran trece millones de copias de su álbum debut - su baterista Brantley Smith dejó la banda para seguir el llamado de Dios para ser un ministro de jóvenes. Sabiendo que su decisión sorprendió a los amigos y fans, Brantley hizo esta declaración:

> Soy un héroe para algunos y un idiota para otros. Pero no hay nada en este mundo que pueda acercarse a una relación con Cristo. Por esa sola razón habría dejado Hootie mil veces más.

La historia es impresionante por sí misma, pero hace varios años, después de un servicio de adoración en nuestra iglesia, tomó un significado mucho más profundo. Sólo momentos después de que yo terminara de predicar, una pareja me dijo: "Aun nosotros fuimos impactados por el efecto dominó de la decisión de Brantley Smith. Poco después de su partida de Hootie, se convirtió en nuestro pastor de jóvenes en Charleston, Carolina del Sur. Su ejemplo de entrega total nos desafió a hacer lo mismo como estudiantes y ahora como jóvenes casados." Esa pareja, junto con sus cuatro niños, ahora están sirviendo como misioneros de carrera entre un grupo de personas no alcanzadas en el sudeste asiático. Estoy muy agradecido que Brantley Smith corrió su carrera de tal manera que otros fueran inspirados a correr la suya también.

Proteja el gran Tesoro

> He guardado la fe. (2 Timoteo 4:7)

Cuando Pablo habla de *la fe*, él está hablando de todo lo que tiene que ver con la persona y ministerio de Jesucristo - la verdad que Él enseñó, el carácter que modeló, y el sacrificio que Él hizo. La fe es un baúl de tesoros con todo lo que Jesús dijo e hizo para llevarnos a Dios. Hemos sido comprados por un gran precio por un gran Dios para un gran propósito. Mantenemos la fe al honrar y compartir el tesoro que tenemos en Cristo.

A lo largo de su vida, sin duda, Pablo escuchó voces que le decían que el costo de compartir el tesoro era demasiado grande - demasiado sacrificio. Esas voces le instarían a poner el tesoro abajo y alejarse de él – para perseguir tesoros mundanos que lo beneficiarían más. Pero Pablo nunca dejó ir el tesoro. Se veía a sí mismo como un hombre al que se le había confiado algo que era precioso. Quería adorar y declarar a Cristo hasta su último aliento. Mientras estaba sentado en esa celda de la prisión romana, a la espera de que el verdugo elevara su espada y acabara con su vida, él agarró el tesoro con más fuerza - A fin de que cuando él abra sus ojos en el cielo, pueda decir a su Señor: "Yo nunca deje ir la fe".

Elija la mejor recompensa

> Ahora, hay una corona de justicia para mí que me espera, que el Señor, juez justo, me otorgará en ese día - y no sólo a mí, sino también a todos los que aman su venida. (2 Timoteo 4:8)

Una vez trabajé en una iglesia donde uno de nuestros ancianos comenzó una tradición curiosa. Al concluir el servicio, él pasaba ocasionalmente por delante de mí y alzaba cuatro dedos. Después de presenciar esto unas cuantas veces, le pregunté si había un mensaje específico en eso - es decir, tal vez debería haber tenido un cuarto punto, o me extendí cuatro minutos. Explicó el enigma educándome acerca de su compañía. Él trabajó para una empresa que fabrica camiones de bomberos. Una válvula de cuatro pulgadas era la más grande que esta planta hacía. Por lo tanto, alzando los cuatro dedos, él me estaba diciendo que me estaba dando el premio más importante - un perfecto cuatro.

Una vez que entendí este símbolo, ese número cuatro significa más para mí que cualquier elogio verbal que podría recibir. Pero un domingo después que prediqué lo que sentí fue un muy buen mensaje, pensé que mi amigo seguramente alzaría cuatro dedos. Pero, cuando él salía de la iglesia esa mañana, no hubo ningún gesto ni comentario. Pensé que si yo lo veía mientras se retiraba en su auto, tal vez en el último minuto él podría bajar la ventana y hacer un cuatro. Pero no hubo nada.

Esa misma tarde me llamó y me preguntó si tenía tiempo de pasar por su casa. Poco después que llegué él sacó una válvula de acero inoxidable y me la presentó. Dijo que ahora su empresa estaba produciendo una válvula de cinco pulgadas, y que no alzó los cuatro dedos esa mañana porque el mensaje era más que eso. Fue un cinco! Yo ya no sirvo más en esa iglesia, pero puedes estar seguro de que todavía poseo esa válvula. La mantengo como un recordatorio de ese día sagrado, cuando Cristo nos deslumbre con las palabras más bellas que alguna vez un humano pueda escuchar: "Bien hecho, siervo bueno y fiel" (Mateo 25:23).

La vida cristiana es un misterio glorioso para mí. Dios no sólo me ha perdonado por ir tras cosas incorrectas, sino Él ha morado en mi cuerpo con su Espíritu y me llamó para que me uniera a Él en su misión en el mundo. Y al final de mi vida cuando me presente ante Él, Él pondrá una corona sobre mi cabeza y me dirá, "Bien hecho". Quiero tanto honrar a Aquel que ha hecho todo esto posible. Quiero servirle hasta ese día final. Quiero terminar bien!

En 1981, una compañía de cine británica lanzó una película que sería nominada a siete premios de la Academia, finalmente ganó cuatro. Se titulaba *Carros de fuego* y contaba la historia del atleta más famoso de Escocia, Eric Liddell. Liddell era un jugador de rugby excepcional que emocionó a los aficionados con su velocidad y poder defensivo cuando jugaba tanto en la Universidad de Edimburgo como en el Equipo Internacional de Escocia. Pero el campo de rugby no mostró su talento atlético tanto como la pista. Su especialidad eran los 100 metros. Con "brazos como molinos de viento "su presencia en la pista electrificaba a multitudes cuando lo veían correr a la victoria - tanto en carreras personales como la carrera por relevo. Ambas carreras a menudo se celebran el mismo día.

A pesar de su gran amor por la carrera, no era lo más importante en la vida de Eric Liddell. Corría para disfrutar de Dios y darle gloria a Él por medio de la competencia atlética. Esto fue más evidente cuando tomó una decisión impresionante de no competir en el evento de 100 metros en 1924 en las olimpiadas de Paris. En noviembre de 1923, se enteró de que las competencias clasificatorias para los 100 metros se celebrarían el domingo. Convencido por la Escritura que Dios había apartado el día domingo para el culto, se reunió con el Comité Olímpico Británico y gentilmente pidió que su nombre fuera retirado de la carrera. Estuvo de acuerdo en entrenar para la carrera de los 200 y 400 metros aunque su falta de experiencia no daba grandes expectativas para la victoria.

El 11 de julio de 1924, en una de las carreras olímpicas más esperadas de todos los tiempos, Eric Liddell se alineó para la carrera de 400 metros. Cuando se disparó la pistola de arranque, el estadio se convirtió en una masa de espectadores frenéticos. Y 47,6 segundos más tarde, Eric Liddell cruzó la meta cinco metros por delante del competidor más cercano. Él trajo a casa el oro y estableció un nuevo récord mundial. La historia está de acuerdo con el tributo hablado por Lord Sands en una cena en honor de Liddell una semana después de los juegos; "Este joven puso toda su carrera en la balanza, y lo consideró como nada, en comparación con ser fiel a sus principios."[54]

Poco después de los Juegos Olímpicos, Eric estudió teología por un año y luego se trasladó a China, donde fue profesor de ciencia y organizó deportes en un Colegio anglo- chino situado en Tianjin (anteriormente conocido como Tienstein). La ciudad ocupaba un lugar especial en su corazón porque veintidós años antes, había nacido allí de padres misioneros. La ciudad vendría a ser aún más especial porque fue allí donde él conocería a una joven llamada Florencia MacKenzie con quien se casaría en 1934. Su familia pronto crecería para incluir dos hijas, Patricia y Heather. Su matrimonio era conocido por todos sus amigos como una unión donde cada uno amaba al otro. Circunstancias externas no tardarían en interrumpir su preciosa unión.

En el verano de 1937, Japón invadió el norte de China. Casi inmediatamente, los extranjeros eran vistos con mucho recelo. La tensión era tan alta que Liddell tomó la decisión de enviar a sus dos hijas y a su esposa embarazada a vivir con sus padres en Canadá. Esta decisión demostró ser la más sabia después del ataque a Pearl Harbor.

A través de China, los funcionarios japoneses clasificaron a las personas de los países aliados en contra de ellos como "países enemigos "y los dejaron bajo una forma de arresto en sus casas. Dentro de un año Eric y 1.800 personas fueron trasladados a un campo civil internado en un antiguo complejo misionero presbiteriano cerca de la ciudad de Weihsein (ahora Weifang). La comunicación con el mundo exterior se limitaba a las cartas de 25 palabras enviadas una vez al mes a través de la Cruz Roja.

Creyendo que había sido enviado a ese campo con un propósito, Eric hizo todo lo que pudo para servir a los que le rodeaban. Muchos adolescentes en el campamento habían venido de un internado para hijos de los misioneros. Él los alcanzó académicamente mediante la enseñanza de un libro de química de 100 páginas que él desarrolló de memoria. Él les ministró atléticamente usando cualquier equipo deportivo que pudo encontrar para organizar juegos. También dedicó mucho tiempo al cuidado de los enfermos y los ancianos. Con frecuencia llevaba cubos de agua a sus habitaciones. Y durante los meses de invierno les traería "polvo de carbón de los que hacían combustible para su estufa." Todos en el campamento, desde los misioneros hasta los empresarios recibieron un gran estímulo de un hombre cuya vida había sido moldeada por las palabras de este himno:

> Espíritu misericordioso mora en mí, yo mismo estaría lleno de misericordia,
>
> Y con palabras que ayudan y curan, revelarías tu vida en la mía,
>
> Y con acciones de fe y mansas, hablaría por Cristo mi Salvador.

En varias temporadas de su vida se le había pedido a Eric que compartiera lo que el Señor había hecho por él. Él siempre aceptó las invitaciones, pero nunca fue capaz de impresionar al público con sus habilidades de oratoria. Uno de sus compañeros del campamento dijo de él: "Él vivió una vida mucho mejor que su predicación."

A comienzo de 1945, Eric comenzó a sufrir de severos dolores de cabeza que fue ingresado en el hospital del campo. Los médicos que lo examinaron descubrieron un tumor cerebral inoperable. Eric Liddell murió el 21 de febrero de 1945.

Tenía 43 años. Sí, nos afligimos por la gran pérdida de su esposa y niños, así como los muchos a los que él sirvió en ese campamento. Pero nosotros nos gozamos en el cuadro pintado por su vida - una imagen dada a nosotros en 1 Corintios cuando Pablo reflexiona sobre los Juegos Olímpicos de Atenas del primer siglo:

> ¿No saben que en una carrera todos los corredores compiten, pero sólo uno obtiene el premio? Corran de tal manera que obtengan el premio. (1 Corintios 9:24)

A lo largo de su vida, en la pista y fuera de ella, Eric Liddell corrió bien y terminó bien. Él había descubierto que lo que realmente importa en la vida es conocer y servir a Dios - y eso es lo que persiguió. Así que déjame preguntarte otra vez;

¿Qué estás persiguiendo en la vida?

Y si lo consigues, ¿realmente importa?

La Respuesta Importa

El propósito de este libro no es información - sino invitación. Una invitación a caminar con Dios, y para abrazar su sueño en tu vida en vez del tuyo. Si algo en estas páginas ha despertado ese deseo, te insto a que expreses tu corazón a través de las siguientes palabras:

> Dios, abro mi vida al poder de tu gracia transformadora. Dedico mi vida a las cosas que te importan más a ti. Quiero experimentar una satisfacción duradera que viene de la belleza de Tu poder, sabiduría, santidad y amor.
>
> He corrido tras cosas impuras y vacías. Yo recibo el perdón que viene a través de la expiación poderosa de la muerte y resurrección de tu Hijo. Quiero estar lleno de Tu Espíritu para vivir una vida disciplinada que me llevará a lo mejor. Por favor, usa mi cuerpo y mente para servir en tus propósitos en la tierra.

Fortalece y cambia mi corazón a través de Tu Palabra. Profundiza mi relación contigo a través la oración. Dame fe para arriesgarme, valor para sufrir, y fuerza para terminar bien. Y siempre dame sabiduría para continuar persiguiendo lo que importa.

En el Nombre de Jesús,
Amén.

Notas Finales

1. Gary Strauss, Laura Petrecca y Elizabeth Weise, USA. HOY.com, 23/09/2012
2. "Misión Sombras" El Blog de Gordon Pruitt Pastor de la Iglesia Metodista Unida de San Mateo, en Richmond Virginia, Lunes, 17 de Julio 2006
3. "Si no fuera por la Gracia" David Ross y Phill McHugh
4. "La vida en Cristo" Un sermón sobre Juan 14:19 predicado por Charles Spurgeon el 1 de Enero de 1871.
5. Chicago: Gracia Admirable - Wikipedia, Enciclopedia libre, http://en.wikipedia.org/wiki/Amazing_Grace (consultado el 11 de Julio de 2012).
6. Chicago: El Hombre y La historia detrás de la Gracia admirable (pt 4): compasión en la tormenta, http://au.christiantoday.com/article/the-man-the-story-behind-amazing-grace-pt-4-mercy-in-the-storm/3299-2.htm (Consultado el 11 de Julio de 2012).
7. http://cowboys.dallasnews.com/20 de abril de 2013
8. http://cowboys.dallasnews.com/7 de junio de 2010

9. SERIE BIBLICA DE ESTUDIO DIARIO. - Danny Piano & Sue Sax Chesnut, http://www.dannychesnut.com/Bible/Barclay/Luke.htm (visitado 02 de Enero 2013).

10. Paráfrasis de una grabación de audio de John Piper en Romanos 15

11. John MacArthur, El comentario MacArthur del Nuevo Testamento, 2 Timoteo (Moody Press: Chicago, 1995), p.187

12. Walter Túnez http://www.miamiherald.com 08 de Julio 2013

13. MICHAEL MURRAY Abcnews.com, 06 de Mayo 2010

14. Cbn.com, 16 de Mayo 2013

15. C. S. Lewis, Cristianismo Simple

16. Keith Kravitz, stratospherelasvegas.hotel2y.com

17. http://nz.sports.yahoo.com/news/record -120million-wash - away

18. Andy Stanley, ¿Qué tan bueno es lo suficientemente bueno? (Multnomah, 2003)

19. http://www.huffingtonpost.com/ 14 de Agosto 2008

20. John Piper, La Pasión de Cristo (Libros Editora Crossway : Wheaton , 2004)

21. Esta cita proviene de un sermón predicado po Tim Keller el 05 de Agosto 1990: "Un plan para el avivamiento"

22. G. Campbell Morgan, Exposición de toda la Biblia, Efesios (Fleming H. Revell , 1959)

23. www.desiringgod. "DOMA y el Rock" 11 de Julio de 2013 Rosaria Butterfield, ex profesor de la Universidad de Syracuse
24. Corry Chapman, La lanceta, "Siempre dispuesto"
25. Ibid.
26. Alex Perry, "Solo y olvidado", Un médico Estadounidense Vive en las montañas Nuba de Sudán ", mundo.time.com, 25 de Abril 2012
27. J. C. Ryle
28. www.givefreshwater.org
29. Hoy hace 35 años - IRONMAN.com, http://www.ironman.com/triathlon-news/articles/2013/02/35-years-ago-today.aspx (consultado el 20 de Julio de 2011).
30. http://jakesnotebook.blogspot.com/Jake Sanchez, 27 de Marzo de 2008
31. 31. Albert Costill , http://amog.com/sports/ 7 atletas Cuyas carreras Terminaron antes de empezar
32. http://www.slamonline.com/online/2010/06/rey-de -reyes/
33. Dietrich Bonhoeffer , El Costo del Discipulado (Londres: SCM Press Ltd.), pp.35, 36
34. J. I. Packer, prólogo de R. C. Sproul , conociendo la Escritura?? (Downers Grove, IL: Intervarsity Press, 1979), páginas 9-10.
35. Watson, Thomas y Richard Owens Roberts. Sermones puritanos, reimpresión. 1981.
36. Donald Whitney, Disciplinas Espirituales para la Vida Cristiana, (Navpress: Colorado Springs, 1991)

37. Eric Mataxas, Bonhoeffer - Pastor, mártir, profeta, espía, (Thomas Nelson, 2010, p.136, 137)
38. Prensa Bautista (Baptist Press), Casa Polly, "Mártir Padre dejó Legado de Fe "27 de Agosto 2009
39. S. D. Gordon, Conversaciones silenciosas sobre la oración, (Fleming H. Revell Company)
40. Escuché por primera vez esta explicación de la enseñanza de John Piper
41. John DeVries, ¿Por qué orar?
42. Richard Foster, Oración. Buscando el verdadero hogar del corazón, (Nueva York: Harper Collins, 1992, p.72-75)
43. John Ortberg, Todo vuelve a la caja, (Zondervan: Grand Rapids, 2007)
44. Juan Carlos Llorca y Oskar Garcia de Associated Press, 15 de Octubre 2012
45. Esta cita es parte de un sermón predicado por Bonhoeffer mientras se desempeñaba como pastor de dos congregaciones de habla alemana en Inglaterra antes de la Segunda Guerra Mundial.
46. John Ortberg, todo vuelve a la caja, (Zondervan: Grand Rapids, 2007)
47. El nombre de Saulo fue cambiado a Pablo después de su conversión.
48. Gizmodo.com 16 de Septiembre 2011.
49. Trevin Wax, Subversión santa (Crossway: Wheaton, 2010) p.63
50. Voz de los Mártires, Abril 2013

51. "Martha Myers: Una vida dedicada al cuidado de los yemeníes", Erin Curry, 31 de diciembre de 2002, http://www.bpnews.net/ (Consultado el 30 de Abril 2013).

52. "La Divina Majestad de la Palabra", http://www.desiringgod.org/resource-library/biographies/the-divine-majesty-of-the-word (visitado 05 de Febrero 2010).

53. Mediante el uso de la palabra "spendomai", Pablo pudo haber estado pensando en el aspecto final de sacrificio en el mundo antiguo cuando los paganos vertían el vino en la parte superior del sacrificio de animales. Esta metáfora igualmente habla de finalidad.

54. David McCasland, "Con acciones audaces y humildes", Revista "Decisión", Julio 2012, p.29

Para Pensar Un Poco Más

Capítulo 1

- ¿Qué cosas perseguías antes en la vida que ahora no parece tan importante?
- ¿En qué momento de tu vida tu pasión por Dios comenzó a crecer?
- ¿De qué manera Dios te ha asombrado y motivado por su gracia? En otras palabras, si miras tu vida, ¿puedes ver cómo Dios te ha bendecido mucho más de lo que merecías?
- ¿Cuáles son los factores que contribuyen a nuestra distracción y agotamiento, haciendo que no persigamos lo que importa?
- ¿Cuál fue el versículo, declaración, o concepto que más te habló ¿Cómo te afectará en términos de aplicación a la vida?

Capítulo 2

- ¿Crees que la mayoría de las personas hoy en día están más satisfechas o menos satisfechos que las generaciones anteriores?

- ¿Qué expresiones de la belleza han sido particularmente refrescante para ti?
- ¿Es natural o antinatural para ti dar las gracias verbalmente a Dios por la belleza? En otras palabras, ¿Te encuentras disfrutando de un hermoso evento sin expresar tu agradecimiento a Dios? ¿O es que cada vez se hace más natural agradecerle verbalmente por ese momento?
- ¿Cómo cree que la mayoría de las personas ven el cielo? ¿Un lugar para el reencuentro de familia y amigos? ¿Lugar para Actividades divertidas o Cantos aburridos? O ¿interminable satisfacción debido a la belleza de Dios?
- ¿Cuál fue el versículo, declaración, o concepto que más te habló? ¿Cómo te afectará en términos de aplicación a la vida?

Capítulo 3

- ¿Cuál sería tu respuesta a alguien que pide definir el término "expiación"?
- Pensando en el capítulo, ¿cuáles son algunas áreas en las que la gente pone una falsa esperanza en la expiación?
- ¿Por qué Dios considera a la persona y obra de Jesús como el único medio válido de expiación?
- ¿Por qué es un reto para las personas recibir el perdón de Dios a través de la fe?
- ¿Puedes recordar una época en tu vida cuando la fe en La aceptación de Dios te libera de sentimientos de insuficiencia espiritual?

- ¿Cuál fue el versículo, declaración, o concepto que más te habló? ¿Cómo te afectará en términos de aplicación a la vida?

Capítulo 4

- Cuando piensas en las muchas necesidades del mundo, ¿qué áreas continuamente tocan tu corazón?
- ¿Por qué crees que servir a Dios a menudo no es nuestra máxima prioridad? ¿La culpa no resuelta? ¿Dudar que nuestro servicio importa? ¿no darse cuenta de la oportunidad de servir? ¿Preocupados por nuestra propia agenda? ¿O __________?
- Haciendo referencia a una frase del libro, ¿cómo crees que la Iglesia contribuye a la producción de "espiritual parasitismo"?
- Rick Warren utiliza el acrónimo FORMA (Formación espiritual, Oportunidades, Recursos, Mi personalidad, Antecedentes)
- Para describir cómo Dios se ha conectado a nosotros para sobresalir en ciertos campos ministeriales. Sobre la base de esos componentes, ¿qué tipo de ministerios crees que son los mejores diseñados para ti?
- ¿Qué rol piensas que el Espiritu Santo tiene en cuanto a cómo servimos al Señor? (Esta pregunta está conectada con la promesa de Jesús en Juan 7:39 de derramar de su Espíritu al pueblo sediento.)

- Roland Bergeron dijo que nada anima más tu corazón que ser la respuesta a la oración de alguien – cuando eres el que Dios usa para satisfacer una necesidad importante en la vida de una persona. ¿A Quién ha usado Dios para ayudarte a experimentar de Él más plenamente? (El propósito de esta pregunta es recordarnos lo importante que es que nos acerquemos a otros debido al impacto que diversas personas han tenido en nosotros.)
- ¿Cuál fue el versículo, declaración, o concepto que más te habló? ¿Cómo te afectará en términos de aplicación a la vida?

Capítulo 5

- ¿Puedes pensar en un ejemplo personal, o que presenciaste en otros lugares, donde había una gran oportunidad que se perdió debido a la falta de disciplina?
- ¿Qué piensas que Dallas Willard quiso expresar cuando dijo: "La gracia no se opone al esfuerzo ; se opone a ganar por merecer".
- ¿Crees que la iglesia ha hecho de la disciplina un enemigo de la gracia en un intento de resaltar el amor incondicional de Dios?
- Dos de los medios de gracia son el estudio bíblico y la oración (hay otros que no fueron mencionados, como registro diario, el ayuno, etc.) ¿Cómo te has disciplinado a ti mismo para experimentar a Dios a través de esos medios?

Es decir, ¿hay un tiempo y lugar (una rutina saludable) donde tú te enfocas mejor en Dios?

- ¿Cuál fue el versículo, declaración, o concepto que más te habló? ¿Cómo te afectará en términos de aplicación a la vida?

Capítulo 6

- ¿Por qué crees que es tan fácil para muchos en nuestra cultura decir que la Biblia no es de origen divino – que no tiene más credibilidad y autoridad que ningún otro libro?
- ¿Ha desarrollado un plan específico de lectura de la Biblia que es significativo para usted? A algunas personas les gusta leer directamente a través de la Biblia (varios capítulos cada día). A otros les gusta leer un capítulo del Antiguo Testamento, uno del Nuevo Testamento, y uno de Salmos - y tal vez incluso los Proverbios. ¿Puedes compartir qué funciona mejor para ti?
- ¿Puedes compartir un momento en que la Biblia te ha alentado profundamente, desafiado, o dirigido? (Tal vez fue un verso de Escritura que leíste o escuchaste esta última semana.)
- ¿Cuál fue el versículo, declaración, o concepto que más te habló? ¿Cómo te afectará en términos de aplicación a la vida?

Capítulo 7

- Cuando enfrentas una situación abrumadora, ¿cuál es tu primera reacción? ¿Pánico (o por lo menos preocupación significativa)? ¿Hablas con un amigo? Trabajas duro para resolverlo? Oración?
- ¿Cuáles son algunas cosas en tu vida a las que estás actualmente dedicado - cosas que nunca dejarías de amar? ¿Recibe la oración igual devoción o menor devoción en tu vida?
- Puesto que Dios es capaz de dirigir el mundo por sí mismo, ¿por qué le agrada escuchar nuestras oraciones? (tu respuesta puede o no puede venir de este capítulo.)
- ¿Te sientes cómodo llevando todas las necesidades que tienes a Dios? ¿O te sientes un tanto avergonzado de orar por cosas que sientes que son demasiado pequeñas?
- ¿Te acercas a Dios con confianza al orar? o tienes que batallar con cosas como la duda, la distracción, comparación con otros que has escuchado orar, etc?
- ¿A menudo oras por gran despertar espiritual para el mundo? ¿O hablas mayormente con Dios sobre temas que están más relacionados con tus circunstancias personales?
- ¿Cuál fue el versículo, declaración, o concepto que más te habló? ¿Cómo te afectará en términos de aplicación a la vida?

Capítulo 8

- ¿Puedes pensar en un riesgo significativo que has visto resaltado últimamente en las noticias? ¿Beneficia el riesgo a cualquier otro aparte del que toma esos riesgos?
- ¿Hay bendiciones que perdiste porque elegiste evitar un riesgo?
- ¿En qué momentos en tu vida has experimentado a Dios en forma única porque aceptaste un riesgo que él había puesto delante de ti?
- ¿Por qué los resultados inciertos nos molestan tanto? Es decir, ¿por qué tenemos miedo de experimentar retrocesos y "fracasos" Cuando consideramos un nuevo proyecto o dirección?
- ¿Cuál fue el versículo, declaración, o concepto que más te habló? ¿Cómo te afectará en términos de aplicación a la vida?

Capítulo 9

- ¿Cómo has visto que la devoción al Señor conduce al sufrimiento (tal vez en su vida o en la vida de un cristiano que admiras)?
- Explique cómo el sufrimiento de Cristo es completo e incompleto al mismo tiempo.
- ¿Cómo has visto a Dios usar el sacrificio y sufrimiento para abrir los corazones de las personas a Cristo?
- ¿Cómo te ha fortalecido Dios en esos momentos en que él te condujo a través de un problema?

- ¿Crees que es útil adquirir mayor conocimiento del sufrimiento que es soportado por los cristianos alrededor del mundo?
- • ¿Cuál fue el versículo, declaración, o concepto que más te habló? ¿Cómo te afectará en términos de aplicación a la vida?

Capítulo 10

- ¿Puedes nombrar una declaración de misión memorable usada por una organización? ¿Para qué crees que en realidad sirve?
- ¿Alguna vez has intentado escribir una declaración de misión para tu vida? Considera la posibilidad de pasar algún tiempo en los próximos días desarrollando una declaración de misión personal.
- Un profesor de misiones una vez le dijo a nuestra clase que la mayoría de los grandes hombres mueren diez años demasiado tarde. Es decir, no terminaron bien. ¿Cómo una declaración como esta te afecta?
- Al reflexionar sobre las muchas adversidades que enfrentó el apóstol Pablo, ¿qué realidades verdaderamente lo motivaron a resistir?
- ¿Puedes recordar una "buena pelea "que enfrentaste y que ahora estás agradecido por ella?
- ¿Tienes una historia favorita de "fieles que resistieron hasta el final "en relación con alguien a quien has conocido o leído?

- ¿Cuál fue el versículo, declaración, o concepto que más te habló? ¿Cómo te afectará en términos de aplicación a la vida?

www.ingramcontent.com/pod-product-compliance
Lightning Source LLC
Chambersburg PA
CBHW060246050426
42448CB00009B/1583

* 9 7 8 0 9 8 9 4 8 5 4 1 8 *